――――――――――――――――――――――――   （ 손지은 ）

초등학교에서 아이들을 가르치고 있습니다. 경북외고를 졸업하고 대구교육대학
교와 한국교원대 대학원에서 초등영어교육을 전공했어요.
《명작동화로 배우는 30일 초등영어》《초등 영어 그림책 수업 백과》《슬기로운
엄마표 영어 지침서》《오늘도 아이들에게 배웁니다》등을 썼습니다.

――――――――――――――――――――――――   （ Karen Liang ）

초등학교 원어민 교사로 아이들과 함께 하고 있습니다. 뉴질랜드 The University
of Auckland에서 교육학을 전공하고 Oteha Valley School에서 초등교사로
근무했어요.

（더블:en）――――――――――――――――――――――――

enjoyment & enrichment
풍요로운 즐거움이 가득한 책

하루 10분 100일 영어 필사

하루 10분 100일 영어 필사

초판 1쇄 발행 2025년 11월 20일

지은이 손지은
편집인 옥기종
발행인 송현옥
디자인 maman

펴낸곳 도서출판 더블:엔
출판등록 2011년 3월 16일 제2011-000014호
주소 서울시 강서구 마곡서1로 132, 301-901
전화 070_4306_9802
팩스 0505_137_7474
이메일 double_en@naver.com

ISBN 979-11-93653-40-1 (13740)

표지그림 : 앙리 르바스크, 〈A boat on the Marne〉
본문 노트 내 아이콘 ⓒ 르방이

하루 10분 100일 영어 필사

Emotional
Healing
Classics

○

손지은 엮음

Karen Liang 감수+녹음

○

더블:엔

간절히 바라고

끊임없이 노력하면

결국 이루게 되어 있어요

- 《키다리 아저씨》

좋은 일이 생길 거라고

말하는 게

마법의 시작일지도 몰라

-《비밀의 화원》

그중에서 가장 좋았던 건,

집으로 돌아오는

길이었어요

- 《빨간 머리 앤》

주디에서 앤까지,
100일 여행

필사 열풍이 어마어마한 요즘입니다. 어휘력을 위한 문장 필사, 어학 공부를 위한 영어 일본어 필사 등 초등학생부터 어르신까지 필사의 매력은 연령을 넘나들며 번져가고 있습니다. 꾸준히 루틴으로 가져가기에도 좋은 취미인 필사는 정서적으로 안정감을 주고 사고력도 확장되며 자기성찰의 시간도 갖게 해줍니다.

영어 필사책을 여러 권 출간해온 더블엔이 이번에는 따뜻한 고전 편으로 100일 동안 즐겁게 필사할 수 있는 책을 준비했습니다.
필사는 단순한 베껴 쓰기가 아니라 작가가 의도한 표현과 문장의 구조를 체득하는 과정이라서 흥미로운 내용이어야 지속하는 힘이 생깁니다. 오랜만에 영어공부에 도전! 하는 분들을 위해 문장이 너무 어렵지 않고 초보자도 필사하기 좋은 문학작품, 문장력, 어휘력, 사고력을 키울 수 있는 작품, 유머러스하면서도 감성적인 문체, 희망과 용기를 주는 이야기를 담은 고전문학을 선정했습니다.

손지은 작가님에게서 번역 원고를 받아 읽으며, 어릴 때 재밌게 읽기는 했지만 이 책들에 이렇게 좋은 내용이 가득했었나? 감탄을 거듭했답니다. 역시 고전은 읽을 때마다 새롭고, 동화라고 해서 어릴 때 읽고 마는 게 아니라 어른이 되어서 새로운 감성으로 자주 접하는 게 좋다는 걸 다시 한 번 깨달았습니다. 선정하다 보니 《작은 아씨들》을 제외한 네 작품 모두 부모를 잃은 소녀들의 밝고 씩씩한 성장일기 같은 작품이군요!

《키다리 아저씨》의 주디, 《소공녀》의 세라, 《작은 아씨들》의 메그, 조, 베스, 에이미, 《비밀의 화원》의 메리, 《빨간머리 앤》의 앤의 따뜻하고 희망 가득한 삶 속으로 함께 100일 여행을 떠나보실까요? 영어 공부는 물론 마음 공부가 되는 건 덤입니다!

편집장 송현옥

하루 10분,
행복을 누릴 시간

"정말 중요한 건 크고 대단한 즐거움이 아니에요.
작은 것에서도 기쁨을 찾아내는 마음이 중요한 거죠."

소설《키다리 아저씨》에서 주인공 주디는 이렇게 고백합니다. 필사의 즐거움을 잘 담아낸 말이라는 생각이 들어 고개가 끄덕여졌습니다. 작고 평범한 문장 하나가 마음을 일으키는 마법, 그것이 바로 필사의 힘이니까요.
바쁘게 살아가는 우리지만, 어쩌면 크고 대단한 즐거움과는 거리가 먼 하루를 보내고 있을지도 모릅니다. 그래도 괜찮습니다. 작은 기쁨은 우리 가까이에서 여전히 빛나고 있으니까요. 주디의 메시지는 앞으로 나아가는 데만 몰두하느라 미처 돌보지 못했던 우리의 마음을 다독입니다.

빠른 타이핑이 당연한 시대에, 필사는 잠시 멈춰 서서 자신을 바라보게 하는 따뜻한 쉼표입니다. 생각을 조용히 들여다보고 분주했던 마음을 다정하게 쓰다듬어 주지요. 한 글자씩 천천히 마음에 새기다 보면, 어느새 나만의 속도로 살아갈 힘과 여유를 얻습니다.

오랜 세월 변함없이 사랑받아온 다섯 편의 고전《키다리 아저씨》《소공녀》《작은 아씨들》《비밀의 화원》《빨간 머리 앤》에서 삶을 밝혀주는 따뜻한 문장들을 정성껏 골라 담았습니다. 일상에 다치고 움츠러든 마음을 보듬고, 가까이 있으면서도 보이지 않았던 기쁨을 찾아낼 용기를 이 고전들에서 얻을 수 있어서 행복했습니다. 그만큼 힐링이 되는 문장이 많아 글을 고르고 다듬는 작업이 고단하지 않았습니다. 독자 여러분의 하루에도 소중한 쉼표가 되어줄 문장들이길 바랍니다.

100일 동안 천천히 따라가다 보면, 어느새 일상이 반짝이는 기쁨으로 가득할지도 모릅니다. 하루 10분의 필사가 독자 여러분께 '행복을 온전히 알아차리는 시간'으로 가닿으면 좋겠습니다.
아름다운 문장을 읽고, 쓰고, 사유하는 100일의 여정 동안, 길가에 피어난 꽃처럼 잔잔한 향기와 빛깔의 문장들이 여러분의 마음에도 천천히 번져가기를 소망합니다.

작가 손지은

CONTENTS

PART 02　A Little Princess (소공녀)

PART 03 Little Women (작은 아씨들)

PART 04　The Secret Garden (비밀의 화원)

PART 05 Anne of Green Gables (빨간 머리 앤)

이 책에 실린 글은 원작 소설의 일부 문장을 발췌하여 구성하였습니다.

원작의 문체와 분위기를 최대한 살렸으나,

독자의 이해를 돕기 위해 오래된 문법을 현대식으로 고치고,

너무 긴 문장은 자연스러운 흐름에 맞게 적절히 나누었으며,

어려운 낱말은 일부 쉬운 표현으로 바꾸었습니다.

✒ 필사, 이렇게 하세요

1. "완벽하게 해야 한다"는 부담감은 내려놓아요!

- '틀려도 괜찮아!' 하는 마음이 중요해요.
  영어 공부를 오래 쉬었다면 당연히 단어와 문장이 생소하기 마련입니다. 완벽하게 쓰려고 하기보다 '흐름을 이해하고 즐긴다'는 마음으로 써보세요.

- 모르는 단어가 나와도 OK!
  단어를 몰라도 문장의 느낌을 먼저 익히는 것이 더 중요해요. 먼저 필사하고, 나중에 궁금한 단어만 찾아보는 거예요. 하단에 단어 설명 있으니 참고하시면 좋아요.

- 너무 오랜 시간 하려고 하면 금세 포기하기 쉬워요.
  "매일 10분만 쓰자" 해보세요! 10분만 하려고 했는데 20~30분 쓰게 되는 마법이 생길지도 모른답니다 :)

2. 즐겁게 하는 필사 루틴을 만들어요

- **보고 따라 쓰기** : 원문을 보면서 또박또박 필사합니다. 손으로 쓰면서 문장의 리듬과 구조를 익히는 과정을 즐기는 거예요.
- **소리 내어 읽기** : 필사한 문장을 소리 내어 읽으며 뜻을 떠올려봅니다. 발음이 틀려도 괜찮아요. 리듬을 느끼면서 읽으면 기억에 오래 남아요. 이번 책은 매일매일 QR 코드를 활용하여 원어민 카렌쌤의 목소리를 들으며 따라 읽을 수 있어요.
- **다시 읽으면서 문장 익히기** : 한 번 필사한 문장을 나중에 다시 읽으면서 익숙해지도록 하면 효과가 좋아요. 필사한 문장(한 문장도 좋아요)을 활용하여 나만의 문장을 써보거나 짧은 일기를 써보는 것도 추천합니다.
- **예쁜 노트 & 필기구 활용하기 (소소한 즐거움 추가!)** : 필사를 하다 보면 글씨를 예쁘게 쓰고 싶고, 정리하고 싶은 욕구가 생길 수도 있어요. 예쁜 노트를 따로 준비하거나 좋아하는 펜으로 사각사각 써나가면 동기부여도 되고 좋아요.
- 필사를 '해야 하는 공부'가 아니라 '즐거운 습관'으로 만들어요.

필사는 꾸준히, 즐겁게!

- 완벽하지 않아도 돼요! 모르는 단어도 OK!
- 하루 10분만 해도 좋아요!
- 소리 내어 읽고, 일상과 연결하면 기억이 더 오래 갑니다!
- 예쁜 노트, 좋아하는 펜과 함께하면 더 재미있어요!

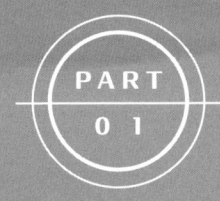

Daddy Long Legs

(키다리 아저씨)

편지 형식의 소설 《키다리 아저씨》는

유머러스하고 감성적이면서 아름다운 문체로 유명합니다.

미국 작가 진 웹스터가 1912년에 발표한 작품으로,

쉽고 재미있게 필사할 수 있는 내용으로 가득해요.

존 그리어 고아원의 고아 소녀 제루샤 애벗은

익명의 후원자에게 매달 안부 편지를 보냅니다.

후원자의 이름과 얼굴을 모르는 애벗은

그의 기다란 그림자를 보고 '키다리 아저씨'라는 이름을 붙이고,

대학교에 진학하고 자신의 애칭을 '주디(Judy)'로 바꾼 후에도

키다리 아저씨에게 대학 생활에 대해 편지를 계속 보냅니다.

100일 영어 필사의 첫 작품으로 아주 적합한 소설이에요 :)

누군가에게 속한다는 건
아주 따뜻하고 편안한 느낌이에요

I'm very, very happy, and so excited every moment of the time that I can scarcely sleep. You can't imagine how different it is from the John Grier Home. I never dreamed there was such a place in the world. Having somebody take an interest in me after all these years makes me feel as if I had found a sort of family. It seems as if I belonged to somebody now, and it's a very comfortable sensation.

• •

전 지금 말할 수 없을 만큼 행복해요. 매 순간이 너무 설레서 밤잠을 설칠 정도로요. 아저씨는 존 그리어 고아원과 여기가 얼마나 다른지 상상도 못 하실 거예요. 세상에 이런 곳이 있다는 건 꿈에도 몰랐어요. 제게 관심을 주는 사람이 있다고 생각하면 가족을 찾은 것만 같은 기분이 들어요. 누군가에게 속한다는 건 아주 따뜻하고 편안한 느낌이에요.

---

scarcely 거의 ~않다   as if 마치 ~인 것처럼   sensation 느낌, 감각

저는 왠지
그 아이가 좋아질 것 같아요

My room is on the northwest corner with two
windows and a view. After you've lived in a ward for
eighteen years with twenty roommates, it is restful
to be alone. This is the first chance I've ever had
to get acquainted with Jerusha Abbott. I think I'm
going to like her. Do you think you are?

• •

제 방은 북서쪽 모퉁이에 있는데, 창문이 두 개 달려 있어서 전망이 좋아요. 열여덟
해 동안 스무 명이나 되는 룸메이트들과 같은 공간에서 지낸 저에겐, 이렇게 혼자인
시간이 얼마나 평화로운지 몰라요. 이제야 처음으로 저 자신, '제루샤 애벗'을 제대로
알아갈 기회가 생긴 거예요. 저는 왠지 그 아이가 좋아질 것 같아요. 아저씨는 어떠
세요?

---

ward (병원 등의) 공동 생활 공간   restful 편안한, 평화로운
get acquainted with ~를 알게 되다

누군가를 사랑하지 않고는
견딜 수가 없어요

Maybe it isn't proper to send love? If it isn't, please excuse. But I must love somebody and there's only you and Mrs. Lippett to choose between, so you see—you'll HAVE to put up with it, Daddy dear, because I can't love her.

• •

사랑을 담아 보낸다는 게 실례가 되는 말일까요? 만약 그렇다면, 용서해 주세요. 누군가를 사랑하지 않고는 견딜 수가 없어요. 하지만 제가 선택할 수 있는 사람은 아저씨와 고아원의 리펫 원장님 둘 뿐인걸요. 그러니—아저씨가 이해해 주셨으면 해요. 왜냐하면 도저히 리펫 원장님을 사랑할 수는 없거든요.

---

put up with ~을 참다, 견디다

저에게도 할머니가 있다면
더 바랄 게 없을 거예요

Would you mind, just for a little while, pretending you are my grandmother? Sallie has one and Julia and Leonora each two, and they were all comparing them tonight. I can't think of anything I'd rather have. So, if you really don't mind—When I went into town yesterday, I saw the sweetest cap of Cluny lace trimmed with lavender ribbon. I am going to make you a present of it on your eighty-third birthday.

• •

아주 잠깐만 저희 할머니가 되어주시면 안 될까요? 샐리는 할머니가 한 분, 줄리아와 레오노라는 각각 두 분씩 계셔서 오늘 밤에 다들 할머니 얘기를 했거든요. 저에게도 할머니가 있다면 더 바랄 게 없을 거예요. 그러니 괜찮으시다면 부탁드려요—어제 시내에 갔다가, 라벤더 리본으로 장식된 예쁜 레이스 모자를 봤어요. 할머니의 여든세 번째 생신 선물로 그걸 드리고 싶어요.

Cluny lace 면 레이스   trimmed 가장자리가 장식된

책을 쓰는 것보다
책처럼 사는 게 더 신나는 일이잖아요

Sometimes a dreadful fear comes over me that I'm not a genius. Will you be awfully disappointed, Daddy, if I don't turn out to be a great author? In the spring when everything is so beautiful and green and budding, I feel like turning my back on lessons, and running away to play with the weather. There are such lots of adventures out in the fields! It's much more entertaining to live books than to write them.

• •

가끔은 제가 천재가 아닐지도 모른다는 끔찍한 두려움이 밀려와요. 제가 만약 훌륭한 작가가 되지 못한다면 아저씨는 무척 실망하시겠죠? 세상이 온통 아름다운 초록으로 물들고 싹이 트는 봄이 되면, 수업을 제쳐두고 밖으로 뛰어나가 날씨를 즐기며 놀고 싶어져요. 들판에는 얼마나 많은 멋진 모험이 우리를 기다리고 있는지 몰라요! 책을 쓰는 것보다 책처럼 사는 게 훨씬 더 신나는 일이잖아요.

---

dreadful 끔찍한   budding 싹트기 시작한   turn one's back on ~을 외면하다

인생이라는 게임에서 지더라도, 어깨를 으쓱하며 웃어넘길 거예요

It isn't the big troubles in life that require character. Anybody can rise to a crisis and face a crushing tragedy with courage, but to meet the petty hazards of the day with a laugh—I really think that requires SPIRIT. I am going to pretend that all life is just a game which I must play as skillfully and fairly as I can. If I lose, I am going to shrug my shoulders and laugh.

• •

인생에서 큰 문제가 닥친 순간에만 인격이 필요한 게 아니에요. 위기의 순간에 맞서 일어서거나 참담한 비극 앞에서 용기를 내는 건 누구나 할 수 있어요. 하지만 일상의 사소한 어려움들을 웃음으로 넘기는 것—그것이야말로 진짜 정신력이 필요한 일이 죠. 전 인생을 그저 하나의 게임이라 생각하고, 최대한 능숙하고 정당하게 해 나가려 고 해요. 만약 지더라도, 어깨를 으쓱하며 웃어넘길 거예요.

---

crushing 치명적인   petty 사소한, 하찮은   hazard 위험, 불확실함
shrug (어깨를) 으쓱하다

이런 게 바로
진정한 행복 아닐까요

It is a heavenly spot in May. All the shrubs are in blossom and the trees are the loveliest young green—even the old pines look fresh and new. The grass is dotted with yellow dandelions and hundreds of girls in blue and white and pink dresses. Everybody is joyous and carefree, for vacation's coming, and with that to look forward to, examinations don't count. Isn't that a happy frame of mind to be in? And oh, Daddy! I'm the happiest of all!

• •

5월의 이곳은 정말 천국이에요. 꽃들이 만발하고, 나무들은 더할 나위 없이 사랑스러운 연둣빛을 뽐내고 있어요—오래된 소나무조차 싱그럽고 새로워 보인답니다. 풀밭에는 노란 민들레와 파란색, 하얀색, 분홍색 옷을 입은 학생들로 가득해요. 다가오는 방학에 대한 기대감으로, 시험 같은 건 잊은 채 모두 즐겁고 걱정 없는 얼굴이에요. 이런 게 바로 진정한 행복 아닐까요? 아저씨! 전 누구보다도 행복해요!

---

shrub 관목　dotted 점으로 뒤덮인　dandelion 민들레　joyous 아주 기뻐하는
count 중요하다　a frame of mind 마음 상태

좋은 인품은 추위를 만나면 시들기도 하지만, 햇빛이 비치면 다시 자라나요

I'm going to be good and sweet and kind to everybody. And this summer I'm going to write and write and write and begin to be a great author. Isn't that an exalted stand to take? Oh, I'm developing a beautiful character! It droops a bit under cold and frost, but it does grow fast when the sun shines. I don't agree with the theory that adversity and sorrow and disappointment develop moral strength. The happy people are the ones who are bubbling over with kindness.

• •

전 모두에게 친절하고 다정하게 대할 거예요. 그리고 훌륭한 작가가 되기 위해 이번 여름에는 글을 정말 정말 열심히 쓸 생각이에요. 각오가 대단하죠? 아, 멋진 인품을 갖추기 위해서도 노력하고 있어요. 좋은 인품은 추위나 서리를 만나면 조금 시들기도 하지만, 햇빛이 비치면 다시 자라나요. 저는 고난과 슬픔, 좌절이 사람들을 도덕적으로 성장시킨다는 말에는 동의하지 않아요. 행복한 사람들은 친절함으로 넘쳐 흐르거든요.

---

exalted 고귀한, 숭고한   stand 태도   droop 아래로 처지다   frost 서리   adversity 역경

너무 신나서
내일 아침까지 기다리기가 힘들 지경이에요

I can't wait to tell you how much I like farms. This is a heavenly, heavenly, HEAVENLY spot! I'm so excited! I can't wait till daylight to explore. It's 8:30 now, and I am about to blow out my candle and try to go to sleep. We rise at five. Did you ever know such fun? I can't believe this is really Judy. You and the Good Lord give me more than I deserve. I must be a very, very, VERY good person to pay. I'm going to be. You'll see.

• •

농장이 얼마나 마음에 드는지 당장 알려드리고 싶어요. 이곳은 그야말로 천국 같은 곳이랍니다! 너무 신나서 내일 아침까지 기다리기가 힘들 지경이에요. 지금 여덟 시 삼십 분인데, 촛불을 끄고 누우려고 해요. 아침 다섯 시면 일어나거든요. 이렇게 신나는 일이 또 있을까요? 여기 있는 주디가 진짜 제가 맞나 싶어요. 아저씨와 하나님은 제가 받아도 되는 것 이상으로 과분한 걸 주고 계세요. 은혜를 갚으려면 아주 아주 아주 훌륭한 사람이 되는 길밖에 없겠어요. 꼭 그렇게 될 거예요. 지켜봐 주세요.

---

blow out (불 등을 불어서) 끄다   deserve ~할 자격이 있다

조금 더 손이 가긴 해도,
충분히 가치 있는 일이니까요

We churn twice a week. And we keep the cream in the spring house which is made of stone with the brook running underneath. Some of the farmers around here have a separator, but we don't care for these new-fashioned ideas. It may be a little harder to separate the cream in pans, but it's sufficiently better to pay. I wish I could send you a pat of the nice, fresh butter I churned yesterday. I'm a fine dairy-maid!

· ·

농장에서는 일주일에 두 번 버터를 만들어요. 그리고 아래에 시냇물이 흐르는 돌로 된 저장고에 크림을 보관해요. 근처에는 분리기를 사용하는 농부들도 있지만, 우린 그런 신식 장비를 좋아하지 않아요. 팬에서 크림을 분리하는 게 조금 더 손이 가긴 해도, 좋은 버터를 위해서라면 충분히 가치 있는 일이니까요. 어제 만든 맛있고 신선 한 버터 한 덩이를 아저씨께도 보내드릴 수 있다면 좋겠어요. 저도 이제 제법 실력 있는 농장 아가씨랍니다!

---

churn (우유, 크림을 휘저어) 버터를 만들다   spring house (샘 위에 지은) 저장소
brook 개울   sufficiently 충분히   pat (작고 납작하며 부드러운) 버터 덩어리   dairy 낙농업의

익숙한 곳으로 돌아온다는 건
참 기분 좋은 일이에요

I came up last Friday, sorry to leave Lock Willow, but glad to see the campus again. It is a pleasant sensation to come back to something familiar. I am beginning to feel at home in college, and in command of the situation. I am beginning, in fact, to feel at home in the world—as if I really belonged to it.

• •

지난 금요일에 학교로 돌아왔어요. 록 윌로우 농장을 떠나는 건 아쉬웠지만, 다시 캠퍼스에 오니 좋아요. 익숙한 곳으로 돌아온다는 건 참 기분 좋은 일이에요. 이젠 대학 생활에도 익숙해졌고, 어떤 상황이든 헤쳐 나갈 수 있다는 자신감도 있답니다. 세상 속에서 자리를 찾아가고 있다는 기분이 들어요—마치 제가 온전히 받아들여진 느낌이에요.

---

feel at home 마음이 편안하다   in command of ~을 지휘하여, ~을 마음대로 하여

어제의 고통은
어제로 충분하니까요

I'm still surprised most of the time. It's a dizzying experience, Daddy. But I'm getting used to it. I don't make such awful mistakes as I did. And I don't feel uncomfortable any more with the other girls. I used to squirm whenever people looked at me. I felt as if they saw right through my sham new clothes to the checked ginghams underneath. But I'm not letting the ginghams bother me any more. Yesterday's troubles should be left behind.

• •

전 여전히 거의 모든 게 놀라워요. 정말이지 아찔할 정도의 경험이죠, 아저씨. 그래도 조금씩 적응하고 있어요. 예전만큼 큰 실수도 하지 않고, 다른 학생들과 함께 있는 것도 불편하지 않아요. 전에는 사람들이 저를 쳐다보기만 해도 움찔했어요. 가식적인 새 옷 너머로 고아원에서 입던 옷을 들키는 것만 같았거든요. 하지만 이젠 더 이상 신경 쓰지 않기로 했어요. 어제의 고통은 어제로 충분하니까요.

---

squirm 당혹해하다   sham 엉터리, 가식의   gingham (주로 체크무늬의) 면직물

누구에게나 돌아볼 수 있는
행복한 어린 시절이 있었으면 좋겠어요

I think that the most necessary quality for any person to have is imagination. It makes people able to put themselves in other people's places. It makes them kind and sympathetic and understanding. It ought to be cultivated in children. I think that everyone, no matter how many troubles they may have when they grow up, ought to have a happy childhood to look back on.

• •

전 사람들에게 꼭 필요한 자질이 상상력이라고 믿어요. 상상의 힘으로 다른 사람의 입장이 되어볼 수 있고, 친절과 동정심, 그리고 타인을 이해하는 마음까지 배우게 되니까요. 아이들이 어릴 때 상상력을 키울 수 있게 해야 해요. 훗날 어른이 되어 아무리 큰 어려움을 겪더라도, 누구에게나 돌아볼 수 있는 행복한 어린 시절이 있었으면 좋겠어요.

---

sympathetic 동정적인　cultivate 기르다, 함양하다　look back on 회상하다

우리가 기쁘게 맞이할
손님들이 찾아오네요

When I came in from the laboratory this afternoon,
I found a squirrel sitting on the tea table helping
himself to almonds. These are the kind of visitors
we entertain now that warm weather has come and
the windows stay open.

• •

오늘 오후에 실험실에서 돌아왔더니, 다람쥐 한 마리가 찻잔 테이블 위에 앉아 아몬
드를 먹고 있었어요. 날이 따뜻해져서 창문을 열어두었더니, 우리가 기쁘게 맞이할
손님들이 찾아오네요.

---

laboratory 실험실   help oneself to 마음대로 먹다   entertain 대접하다, 환대하다

 **DAY 015**

행복이 다가올 때
기쁘게 받아들이면 돼요

The world is full of happiness, and plenty to go round, if you are only willing to take the kind that comes your way. The whole secret is in being PLIABLE. In the country, especially, there are such a lot of entertaining things. I can walk over everybody's land, and look at everybody's view, and dabble in everybody's brook; and enjoy it just as much as if I owned the land—and with no taxes to pay!

· ·

세상은 행복으로 가득하고, 모두가 나눌 만큼 충분하기까지 해요. 단지 그런 행복을 기꺼이 받아들일 준비만 되어 있다면요. 그 비결은 바로 유연한 마음가짐이에요. 특히 시골에는 재미있는 것들이 정말 많답니다. 어디라도 자유롭게 누빌 수 있고, 어떤 경치도 감상할 수 있으며, 어느 개울이든 발 담그고 마치 내 땅인 것처럼 마음껏 즐길 수 있잖아요—세금 한 푼 내지 않고 말이죠!

---

be willing to 흔쾌히 ~하다   pliable 유연한, 순응하는   dabble 물을 튀기다, 첨벙거리다
brook 개울

DAY 016

과거나 미래에 기대는 삶이 아닌
바로 지금의 행복을 찾아내는 거예요

It isn't the great big pleasures that count the most; it's making a great deal out of the little ones. I've discovered the true secret of happiness, Daddy, and that is to live in the now. Not to be forever regretting the past, or anticipating the future; but to get the most that you can out of this very instant. I'm going to enjoy every second, and I'm going to KNOW I'm enjoying it while I'm enjoying it.

• •

정말 중요한 건 크고 대단한 즐거움이 아니에요. 작은 것에서도 기쁨을 찾아내는 마음이 중요한 거죠. 아저씨, 전 진짜 행복의 비밀을 알아냈답니다. 바로 현재를 살아가는 거예요. 과거를 후회하거나 미래를 기대하는 삶이 아닌, 바로 지금의 행복을 최대로 찾아내는 거예요. 매 순간을 즐기고, 즐기는 동안 행복을 누린다는 사실을 온전히 알아차리며 살 거예요.

---

count 중요하다, 가치가 있다   anticipate 기대하다

작은 행복들을
쌓아 올리기로 마음먹었어요

Most people don't live; they just race. They are trying to reach some goal far away on the horizon, and along the way, they get so breathless and panting that they lose all sight of the beautiful, peaceful scenery they are passing through. I've decided to sit down by the way and pile up a lot of little happinesses, even if I never become a Great Author.

• •

대부분의 사람들은 진짜로 사는 게 아니에요. 그냥 달릴 뿐이에요. 머나먼 지평선 어딘가에 있는 목표를 향해 달려가느라 너무 숨이 차고 지쳐서, 자신들이 지나고 있는 아름답고 평온한 풍경을 놓쳐버리죠. 전 길가에 앉아 작은 행복들을 하나씩 쌓아 올리기로 마음먹었어요. 비록 위대한 작가가 되지 못하더라도 말이에요.

---

breathless 숨이 가쁜   pant 숨을 헐떡이다   pile 쌓다, 포개다

사람은 원래
한번 누렸던 건 잊고 지내기가 힘든 법이거든요

It is very sweet and generous and dear of you to wish to send me to Europe this summer—for the moment I was intoxicated by the idea, but sober second thoughts said no. You mustn't get me used to too many luxuries. One doesn't miss what one has never had; but it's awfully hard going without things after one has started thinking they are theirs by natural right.

• •

이번 여름에 저를 유럽에 보내주시겠다니, 정말 다정하고 따뜻한 마음 감사해요—순간적으로 몹시 들뜨고 흥분되었지만, 차분히 다시 생각하니 사양해야겠다는 생각이 들었어요. 저를 너무 호화로움에 익숙해지게 하지 마세요. 사람은 원래 한번도 가져본 적 없는 건 아쉬워하지 않지만, 한번 누렸던 건 당연히 자기 것이었던 것처럼 느껴져서 잊고 지내기가 힘든 법이거든요.

---

intoxicated 몹시 들뜬, 흥분한   sober 냉철한, 맑은 정신의   awfully 몹시
natural right 자연권

제 자유 의지와
이뤄낼 수 있다는 힘을 믿어요

Do you believe in free will? I do—completely. I don't agree at all with the philosophers who think that every action is the absolutely inevitable result of distant causes. Nobody would be to blame for anything. I believe absolutely in my own free will and my own power to accomplish—and that is the belief that moves mountains. You watch me become a great author!

• •

아저씨는 자유 의지를 믿으세요? 전—완전히 믿어요. 인간의 모든 행동이, 멀리서 시작된 원인에 의한 필연적인 결과라고 믿는 철학자들에게 저는 전혀 동의하지 않아요. 그러면 어떤 일에 대해 누구도 책임지지 않을 테니까요. 저는 제 자유 의지와 스스로 뭔가를 이뤄낼 수 있다는 힘을 전적으로 믿어요—그런 게 바로 산도 움직일 수 있는 믿음이겠죠. 부디 제가 위대한 작가가 되는 여정을 지켜봐 주세요!

---

philosopher 철학자   inevitable 불가피한   accomplish 성취하다

젊음은 마음에
얼마나 생기를 품고 있는가에 달려 있어요

I want to assure you that I am young and happy
and exuberant; and I trust you are the same.
Youth has nothing to do with birthdays, only with
ALIVENESS of spirit, so even if your hair is gray,
Daddy, you can still be a boy.

• •

저는 젊고, 행복하고, 활기가 넘친다는 걸 아저씨께 알려드리고 싶어요. 아저씨도 분
명히 그러실 거라고 믿어요. 젊음은 나이보다는, 마음에 얼마나 생기를 품고 있는가
에 달려 있으니까요. 그러니 만약 아저씨 머리가 백발이라 해도, 여전히 소년일 수
있다는 걸 아셨으면 해요.

---

assure 장담하다, 확실히 하다   exuberant 생동감 넘치는   aliveness 살아있음, 생기

어떤 하늘이 드리우든,
운명을 받아들일 준비가 되어 있어요

I know lots of girls who never know that they are happy. They are so accustomed to the feeling that their senses are deadened to it; but as for me—I am perfectly sure every moment of my life that I am happy. And I'm going to keep on being, no matter what unpleasant things turn up. I'm going to regard them as interesting experiences, and be glad to know what they feel like. "Whatever sky's above me, I have a heart for any fate."

• •

저는 자신이 행복하다는 걸 전혀 모르고 사는 아이들을 많이 알아요. 행복이라는 감정에 너무 익숙해서 그 감각이 무뎌진 거죠. 하지만 전—인생의 모든 순간이 행복하다는 걸 확신해요. 앞으로도 계속 그럴 거고요. 아무리 불쾌한 일이 생겨도 흥미로운 경험으로 여기고, 그런 감정을 알게 된 걸 기쁘게 받아들일 거예요. "제 위에 어떤 하늘이 드리우든, 운명을 받아들일 준비가 되어 있어요."

---

accustomed 익숙한   deaden (감정, 감각을) 둔화시키다, 무디게 하다

어떤 장소가 누군가와 연결된다는 건
참 재미있는 일이에요

We climbed to the top of 'Sky Hill' this morning
where Master Jervie and I once cooked supper—it
doesn't seem possible that it was nearly two years
ago. I could still see the place where the smoke of
our fire blackened the rock. It is funny how certain
places get connected with certain people, and you
never go back without thinking of them. I was quite
lonely without him—for two minutes.

• •

오늘 아침에는 '스카이 힐' 꼭대기까지 올라갔어요. 예전에 저비 도련님과 저녁을 요
리했던 곳이에요—벌써 2년 가까이 되었다니 믿기지 않아요. 연기가 바위를 검게 그
을린 자국이 아직도 그대로인데 말이죠. 어떤 장소가 누군가와 연결된다는 건 참 신
기하고 재미있는 일이에요. 그곳에 가면 어김없이 그 사람이 떠오르니까요. 그분이
곁에 없어서 꽤 외롭다는 생각이 들었어요—딱 2분 동안요.

---

blacken 검게 만들다

간절히 바라고 끊임없이 노력하면
결국 이루게 되어 있어요

I am writing a book. Master Jervie and that editor man were right; you are most convincing when you write about the things you know. And this time it is about something that I do know—exhaustively. Guess where it's laid? In the John Grier Home! This new book is going to get itself finished—and published! You'll see if it doesn't. If you just want a thing hard enough and keep on trying, you do get it in the end. I've been trying for four years to get a letter from you—and I haven't given up hope yet.

• •

전 요즘 책을 쓰고 있어요. 저비 도련님과 편집자의 말이 맞았어요. 자기가 잘 아는 것을 쓸 때 가장 설득력이 있다는 거요. 이번에는 제가 정말 잘 아는 이야기에 관해 쓰고 있어요. 배경이 어딘지 맞혀 보실래요? 바로 존 그리어 고아원이에요! 이 새 책은 반드시 완성해서—꼭 출판까지 할 거예요! 한번 두고 보세요. 무언가를 간절히 바라고 끊임없이 노력하면, 결국 이루게 되어 있어요. 저는 아저씨에게 답장을 받기 위해 4년 동안 노력했고—아직도 희망을 버리지 않았답니다.

---

convincing 설득력 있는   exhaustively 철저하게

A Little Princess

(소공녀)

따뜻하고 감동적인 문체로 가득한 《소공녀》는

영국 작가 프랜시스 버넷이 1905년에 발표한 작품이에요.

상상력이 풍부하고 마음 따뜻한 소녀,

세라 크루의 이야기를 담고 있습니다.

인도에서 런던의 기숙학교로 유학을 온 세라는,

처음에는 '작은 공주'처럼 사랑받으며 풍족한 생활을 하지만

아버지의 갑작스러운 죽음으로 하루아침에 가난한 고아가 됩니다.

역경 속에서도 품위와 친절을 잃지 않고 선한 마음으로

주변 사람들에게 희망을 전하고, 세라는 행복을 되찾습니다.

일본에서 '소공녀'라는 제목으로 번역하여 소개되면서

선풍적인 인기를 얻는 바람에 우리나라에서도 이 제목으로 굳어졌어요.

견뎌낼 거라고 약속했거든,
꼭 그럴 거야

"I love my dad more than all the world ten times over," Sara said. "That is what my pain is. He has gone away."

Sara did not cry. Her short, black locks tumbled about her ears, and she sat still. Then she spoke without lifting her head.

"I promised him I would bear it," she said. "And I will. You have to bear things. Think what soldiers bear!"

• •

"난 세상의 그 무엇보다도, 열 배는 더 아빠를 사랑해." 세라가 말했다. "그래서 아픈 거야. 이젠 아빠가 떠나고 안 계셔서."

세라는 울지 않았다. 짧고 검은 머리카락이 귀 옆으로 흘러내렸지만, 그대로 가만히 앉아 있었다. 그러고는 고개를 들지 않은 채 말했다.

"아빠께 견뎌낼 거라고 약속했거든. 꼭 그럴 거야. 참고 이겨내야 해. 군인들은 더한 것도 견디는걸!"

---

locks (한 사람의) 머리카락   tumble 굴러 떨어지다, 마구 흐트러지다

사람들에게 일어나는 일들은
모두 우연에 의한 거야

"Things happen to people by accident," Sara used to say.

"A lot of nice accidents have happened to me. It just HAPPENED that I always liked lessons and books, and could remember things when I learned them. It just happened that I was born with a father who was beautiful and nice and clever, and could give me everything I liked."

• •

"사람들에게 일어나는 일들은 모두 우연에 의한 거야." 세라는 늘 그렇게 말하곤 했다. "나에게는 운 좋게도 멋진 우연들이 많이 있었어. 공부와 책을 늘 좋아했던 것도, 배운 걸 잘 기억하게 된 것도 그저 우연히 그렇게 된 거야. 멋지고 자상한데 현명하기까지 한 아빠를 둔 것도, 내가 필요한 모든 걸 누릴 수 있었던 것도 전부 우연이지."

---

accident 우연   lesson 공부, 강의

난 가끔 엄마가
나를 보러 오신다고 믿어

"Where is your mom?"
"She went to heaven. But I am sure she comes out
sometimes to see me—though I don't see her. So
does yours. Perhaps they can both see us now.
Perhaps they are both in this room."

• •

"언니네 엄마는 어디 계셔?"
"하늘나라에 가셨어. 하지만 난 가끔 엄마가 나를 보러 오신다고 믿어—볼 수는 없지
만 말이야. 너희 엄마도 그러실 거야. 아마 지금 두 분이 함께 우리를 보고 계실지도
몰라. 어쩌면 이 방에 계실 수도 있지."

---

be sure 확신하는

그저 상상 속 공주라고 해도
사람들을 위한 작은 일들을 찾을 수 있어

"If I WERE a princess—a REAL princess," Sara murmured, "I could give generously to the people. But even if I am only a pretend princess, I can invent little things to do for people. Becky was just as happy as if it were a real gift. I'll pretend that doing things people like is giving generously. I've given generously."

• •

"내가 공주라면—진짜 공주라면," 세라는 중얼거렸다. "아마 사람들에게 아낌없이 베풀 수 있었겠지. 하지만 그저 상상 속 공주라고 해도, 사람들을 위한 작은 일들을 찾을 수 있어. 베키도 진짜 선물을 받은 것처럼 행복해했잖아. 앞으로는 사람들이 기뻐할 일을 하는 게 아낌없이 베푸는 거라고 상상할 거야. 난 지금 아낌없이 베푼 거야."

---

murmur 중얼거리다   generously 아낌없이

내가 공주라고 상상하는 건,
진짜 공주처럼 행동하려고 노력할 수 있어서야

When Sara spoke it was in a quiet, steady voice; she
held her head up, and everybody listened to her.
"It's true," she said. "Sometimes I do pretend I am a
princess. I pretend I am a princess, so that I can try
and behave like one."

• •

세라는 고개를 들고, 작지만 차분한 목소리로 모두에게 말했다.
"맞아, 난 가끔 내가 공주라고 상상해. 그렇게 상상하는 건, 진짜 공주처럼 말하고 행
동하려고 노력할 수 있어서야."

---

behave 처신하다, 예의 바르게 행동하다

베풀기를 좋아하는 사람은,
손과 마음이 언제나 열려 있어

If Nature has made you as a giver, your hands are born open, and so is your heart. And though there may be times when your hands are empty, your heart is always full, and you can give things out of that—warm things, kind things, sweet things—help and comfort and laughter—and sometimes cheerful, kind laughter is the best help of all.

· ·

천성이 베풀기를 좋아하는 사람은, 태어날 때부터 손이 열려 있고, 마음도 마찬가지다. 가끔은 빈손일 때도 있겠지만, 마음만은 항상 넘쳐서 그 안에 있는—온기와 친절, 다정함을 나누고—도움과 위로, 웃음도 함께 건넬 수 있게 된다—때로는 밝고 다정한 웃음이 가장 큰 힘이 된다.

---

comfort 위로

DAY 030

볼품없는 천이라도
다이아몬드 핀이 박힌
새틴이라고 상상해 주실 거 같아서요

It's nothing but flannel, and the flannel isn't new; but I wanted to give you something, and I made it at night. I knew you could PRETEND it was satin with diamond pins in it. I tried to pretend that when I was making it.

· ·

그냥 기모 천이에요, 새것도 아닌걸요. 그래도 뭐라도 꼭 드리고 싶었거든요. 그래서 밤에 만들었어요. 아가씨라면, 이렇게 볼품없는 천이라도 다이아몬드 핀이 박힌 새틴이라고 상상해 주실 것 같아서요. 저도 그렇게 상상하면서 만들었어요.

---

flannel 플란넬 (기모 처리된 천)   satin 새틴 (매끄럽고 광택이 나는 원단)

완전히 다른 곳이라고
상상하면 돼

If I pretend it's quite different, I can, or if I pretend it is a place in a story. Other people have lived in worse places. Think of the people in the Bastille! That will be a good place to pretend about. I am a prisoner in the Bastille. I have been here for years and years—and years; and everybody has forgotten about me. I shall pretend that. And it will be a great comfort.

• •

완전히 다른 곳이라고 상상하면, 그렇게 할 수 있어. 아니면 여기가 이야기 속 세상이라고 생각하거나. 훨씬 더 심한 곳에 살았던 사람들도 있었잖아. 바스티유 감옥에 있던 사람들을 생각해 봐! 여기가 그런 곳이라고 상상하면 좋을 거야. 난 지금 바스티유에 갇힌 죄수야. 여기에 몇 년이고—너무 오랫동안 갇혀 있어서 사람들 기억에서 사라진 거지. 그렇게 상상할 거야. 그러면 큰 위로가 돼.

Bastille 바스티유 감옥   comfort 위로

세상이 얼마나 다르게 보일 수 있는지
상상도 못할 거야

"Chimneys with smoke curling up in wreaths and clouds going up into the sky—and sparrows hopping about and talking to each other just as if they were people—and other attic windows where heads may pop out any minute, and you can wonder who they belong to. And it all feels as high up—as if it was another world."

Anyone who has not done this does not know what a different world they saw.

• •

"굴뚝에선 연기가 고리 모양으로 말리면서 구름처럼 하늘로 스며들어—참새들이 이리저리 오가며 사람들처럼 수다 떠는 모습도 볼 수 있지—다락방 창문들에선 금방이라도 누군가가 머리를 불쑥 내밀 것만 같아서, 누가 살고 있을까 상상하게 돼. 이 모든 풍경이 이렇게나 높은 곳에 펼쳐져 있어서—마치 완전히 다른 세상에 온 듯한 기분이야."

이걸 경험해보지 않은 사람은, 세상이 얼마나 다르게 보일 수 있는지 아마 상상도 못할 것이다.

---

wreath 고리 모양   sparrow 참새   about 이리저리   attic 다락방

이건 '진짜' 이야기야.
너도 하나의 이야기고, 나도 이야기야

"I know I am queer," admitted Sara, cheerfully; "and I TRY to be nice." She rubbed her forehead with her little brown paw, and a puzzled, tender look came over her face. "Papa always laughed at me," she said; "but I liked it. He thought I was queer, but he liked me to make up things. I—I can't help making up things. If I didn't, I don't believe I could live."

"It IS a story," said Sara. "EVERYTHING'S a story. You are a story—I am a story."

· ·

"나도 내가 이상하다는 거 알아." 세라는 씩씩하게 인정했다. "그리고 착한 건, 그러려고 노력하는 거야." 작고 까무잡잡한 손으로 이마를 문지르는 세라의 얼굴에는 당혹스러우면서도 다정한 표정이 묻어났다. "아빠도 항상 나를 놀리셨어. 그래도 난 그게 좋았어. 아빠는 내가 특이하다고 생각했지만, 내가 이야기 지어내는 걸 좋아하셨지. 난— 난 자꾸 상상하게 돼. 그거라도 하지 않으면, 견딜 수 없을 것 같아."
"이건 '진짜' 이야기야." 세라가 말했다. "모든 게 다 이야기지. 너도 하나의 이야기고—나도 이야기야."

---

queer 기묘한   rub 문지르다   paw (동물의 발톱이 달린) 발, (사람의) 손
puzzled 어리둥절한   tender 부드러운, 다정한

분노는 아주 강하지만,
그걸 다스릴 수 있는 힘은 더 강해

When people are insulting you, there is nothing so good for them as not to say a word—just to look at them and THINK. When you don't lose your temper, people know you are stronger than they are, because you are strong enough to hold in your rage, and they are not, and they say stupid things they wish they hadn't said later. There's nothing so strong as rage, except what makes you hold it in— that's stronger.

· ·

누군가가 널 모욕할 땐, 아무 말도 하지 않는 게 최선이야—그저 조용히 바라보며 생각만 하는 거지. 화를 내지 않고 버티면, 사람들은 네가 더 강하다는 걸 알게 돼. 화를 참는다는 건, 그만큼 마음이 단단하다는 뜻이니까. 네가 감정을 조절하는 반면, 그러지 못하는 사람들은 나중에 후회할 말들을 내뱉고 말아. 분노는 아주 강하지만, 그걸 다스릴 수 있는 힘은—더 강해.

---

insult 모욕하다   lose one's temper 화를 내다, 욱하다

마치 하늘도, 세상도
모두 다 가진 듯한 기분이었어

When the square suddenly seemed to begin to glow in an enchanted way and look wonderful in spite of its sooty trees and railings, Sara knew something was going on in the sky; and she invariably crept up the flights of stairs, climbing on the old table, got her head and body as far out of the window as possible. When she had accomplished this, she always took a deep breath and looked all round her. It used to seem as if she had all the sky and the world to herself.

• •

광장에 마법처럼 환한 빛이 불현듯 내려앉고, 그을음이 묻은 나무와 울타리마저 아름답게 보일 때면, 세라는 하늘에 뭔가 특별한 일이 일어날 거라는 걸 알았다. 그러면 어김없이 다락방 계단으로 올라가, 낡은 탁자 위에서 창문 밖으로 최대한 멀리 몸을 내밀었다. 그러고 나선 언제나 숨을 깊게 들이마시며 주위를 둘러보았다. 마치 하늘도, 세상도 모두 다 가진 듯한 기분이었다.

---

enchanted 마법에 걸린   sooty 그을음이 묻은   railing 울타리
invariably 예외없이   creep up 살금살금 기어오르다   flight (계단의) 층계

낯선 이의 미소조차
위로가 될 수 있어

Someone had come to look at the sunset as Sara had. The first thing she thought was that his dark face looked sorrowful and homesick. She looked at him with interest for a second, and then smiled across the slates. She had learned to know how comforting a smile, even from a stranger, may be. His whole expression altered, and he showed such gleaming white teeth as he smiled back. The friendly look in Sara's eyes was always very effective when people felt tired or dull.

• •

세라처럼 노을을 보러 온 사람이 또 있었다. 처음 본 그 남자의 어두운 얼굴에는 슬픔과 그리움이 가득해 보였다. 세라는 흥미로운 눈으로 그를 잠시 바라보다가, 지붕 너머로 미소를 지어 보였다. 낯선 이의 미소조차 위로가 된다는 걸, 세라는 잘 알고 있었다. 남자는 기쁜 표정으로 반짝이는 하얀 이를 드러내며 웃었다. 세라의 다정한 눈빛에는 힘들고 지친 사람들의 마음을 토닥이는 힘이 있었다.

---

slate (지붕을 덮는) 슬레이트 조각   expression 표정   alter 변하다   gleam 반짝이다
dull 기운이 없는

아무도 알아주지 않을 때 공주답게 행동하는 건 진정으로 가치 있는 일이야

"Whatever comes," she said, "cannot alter one thing. If I am a princess in rags and tatters, I can be a princess inside. It would be easy to be a princess if I were dressed in cloth of gold, but it is a great deal more of a triumph to be one all the time when no one knows it."

This was not a new thought, but quite an old one, by this time. It had consoled her through many a bitter day.

• •

"무슨 일이 있어도, 한 가지 사실은 변하지 않아. 내가 누더기를 걸치고 있다 해도, 내 면의 나는 여전히 공주야. 황금 옷을 입고 공주가 되는 건 쉬워. 하지만 아무도 알아 주지 않을 때 늘 공주답게 행동하는 건 진정으로 위대하고 가치 있는 일이야."

이제는, 세라에게는 새삼스러울 게 없는, 오래도록 익숙한 위안이었다. 수많은 힘든 날들을 견뎌낼 수 있게 한 힘이기도 했다.

---

alter 변하다   rags and tatters 누더기, 낡고 해진 옷   triumph 업적, 승리
console 위안을 주다

말 한마디 나눠본 적 없는 사람과도
친구가 될 수 있어

"I am growing quite fond of him," Sara said to Ermengarde; "I don't want him to be disturbed. I have adopted him for a friend. You can do that with people you never speak to at all. You can just watch them, and think about them and be sorry for them, until they seem almost like relations. I'm quite anxious sometimes when I see the doctor call twice a day."

• •

"난 그분이 점점 좋아져." 세라가 어먼가드에게 말했다. "그분이 방해받지 않았으면 좋겠어. 난 그분을 친구로 삼았거든. 말 한마디 나눠본 적 없는 사람과도 친구가 될 수 있어. 그냥 지켜보고, 그 사람에 대해 생각하고, 또 안타까워하다 보면 거의 가족처럼 가깝게 느껴질 때가 있어. 가끔 의사 선생님이 하루에 두 번씩 오실 때는 걱정되기까지 해."

---

adopt (친구 등으로) 받아들이다   relation 친척   anxious 불안해하는

들리지 않아도,
마음은 느낄 수 있을지도 몰라

"He was ill as my papa was," Sara thought.

So her heart was more drawn to him than before.
When no one was about she sometimes used to
stop, and, holding to the iron railings, wish him
good night as if he could hear her.

"Perhaps you can FEEL if you can't hear. Perhaps
you feel a little warm and comforted, and don't
know why, when I am standing here in the cold
and hoping you will get well and happy again," she
would whisper in an intense little voice.

• •

"그분도 우리 아빠처럼 아프셨구나." 세라는 생각했다.
세라는 전보다 그 신사에게 더 마음이 갔다. 주위에 아무도 없을 때면 철제 울타리에
손을 얹고, 마치 그분이 들을 수 있기라도 한 것처럼 잘 자라는 인사를 건네기도 했다.
'들리지 않아도, 마음은 느낄 수 있을지도 몰라. 이렇게 추운 바깥에서 아저씨의 건강
과 행복을 빌어준다면, 그분 마음이 이유도 모르게 조금 따뜻해질지도 몰라.' 세라는
작지만 간절한 목소리로 속삭였다.

---

drawn to ~에 마음이 끌리다　　railing 난간, 울타리　　intense 강렬한, 진지한

몸이 힘들고 괴로울 땐
마음을 딴 데로 돌려야 해

What you have to do with your mind, when your body is miserable, is to make it think of something else. Sometimes I can and sometimes I can't. But when I CAN I'm all right. And what I believe is that we always could—if we practiced enough. When things are horrible, I think as hard as ever I can of being a princess. I say to myself, 'I am a princess, and I am a fairy one, and because I am a fairy nothing can hurt me or make me uncomfortable.' You don't know how it makes you forget.

• •

몸이 힘들고 괴로울 때 네가 해야 하는 일은, 마음을 딴 데로 돌리는 거야. 가끔은 잘 되지만, 잘 안 될 때도 있어. 하지만 잘될 때는 정말 괜찮아져. 중요한 건 연습만 충분히 하면—누구나 그렇게 할 수 있다는 거야. 끔찍한 일이 생기면, 난 온 힘을 다해서 내가 공주라고 상상해. '나는 공주야, 그것도 요정 공주. 어떤 것도 요정을 다치게 하거나 불쾌하게 할 수 없어.' 이렇게 계속 되뇌면 신기하게도 진짜로 잊게 돼.

---

miserable 비참한

빨리 배울 수 있는 능력이
전부는 아니야

"Perhaps," Sara said, "to be able to learn things quickly isn't everything. To be kind is worth a great deal to other people. If Miss Minchin knew everything on earth and was like what she is now, she'd still be a horrible thing, and everybody would hate her. Lots of clever people have done harm and have been wicked. Look at Robespierre—"

• •

"어쩌면 말이야," 세라가 말했다. "빨리 배울 수 있는 능력이 전부는 아니야. 친절하고 따뜻한 마음이 어떤 사람들에게는 훨씬 더 값질 수 있어. 만약 민친 선생님이 세상의 모든 걸 안다 해도, 지금처럼 못되게 군다면 여전히 끔찍할 거야. 모두가 싫어하겠지. 머리는 좋아도 나쁜 짓을 한 사람들도 많잖아. 로베스피에르처럼 말이야—"

---

do harm 해를 끼치다　wicked 사악한　Robespierre 로베스피에르 (프랑스의 혁명가)

상상으로 가득한 삶을 살아온 이는,
아무리 놀라운 일이라도 기꺼이 받아들여

They were warm and full and happy, and it was just like Sara that, having found her strange good fortune real, she should give herself up to the enjoyment of it to the utmost. She had lived such a life of imaginings that she was quite equal to accepting any wonderful thing that happened, and almost to cease, in a short time, to find it bewildering.

• •

둘은 따뜻하고 배부르고 행복했다. 낯선 행운이 현실이라는 걸 알게 되었을 때 그 기쁨을 마음껏 누리기로 한 건, 정말 세라다운 일이었다. 언제나 상상으로 가득한 삶을 살아왔기에, 아무리 놀라운 일이 일어나도 얼마든지 받아들일 수 있었다. 그리고 얼마 지나지 않아, 그 상황을 자연스럽게 느끼게 되었다.

---

give oneself up 전념하다   utmost 최대의, 최대한   equal to ~를 감당할 수 있는
cease 중단하다   bewildering 어리둥절하게 하는

세상 어딘가에
천사처럼 좋은 친구가 있다는 건 변함 없어

"But whatever happens," Sara kept saying to herself all day—"WHATEVER happens, somewhere in the world there is a heavenly kind person who is my friend—my friend. If I never know who it is—if I never can even thank him—I shall never feel quite so lonely. Oh, the Magic was GOOD to me!"

• •

"하지만 어떤 일이 일어나더라도," 세라는 하루 종일 마음속으로 되뇌었다—"무슨 일이 있어도, 세상 어딘가에 천사처럼 좋은—친구가 있다는 건 변함 없어. 그게 누군지 끝내 모른다 해도—고맙다는 인사를 전할 수 없다 해도—난 이제 예전처럼 외롭지 않을 거야. 아, 이렇게 멋진 마법이 나에게 일어나다니!"

---

heavenly 천국과 같은

친절을 베푸는 사람에게는,
상대가 행복해졌다는 사실만으로도
큰 의미가 돼

"I can't help thinking about my friend," Sara explained. "If he wants to keep himself a secret, it would be rude to try and find out who he is. But I do so want him to know how thankful I am to him—and how happy he has made me. Anyone who is kind wants to know when people have been made happy. They care for that more than for being thanked. I wish—I do wish—"

・・

"자꾸 그분 생각이 나." 세라가 말했다. "그분이 정체를 숨기고 싶어 한다면 누군지 억지로 알아내려는 게 실례겠지. 하지만 난 마음을 꼭 전하고 싶어. 내가 얼마나 고마워하는지—그분 덕분에 얼마나 행복한지 말이야. 친절을 베푸는 사람에게는, 상대가 행복해졌다는 사실을 아는 것만으로도 큰 의미가 되거든. 어쩌면 그게 감사 인사를 받는 것보다 더 중요할지도 몰라. 내가—내가 전할 수만 있다면 좋을 텐데—"

---

can't help ~ing ~하지 않을 수 없다

전 그러려고
노력했을 뿐이에요

"I suppose that you feel now that you are a princess again."

Sara looked down and flushed a little, because she thought her treasured imagination might not be easy for strangers—even nice ones—to understand at first.

"I—TRIED not to be anything else," she answered in a low voice—"even when I was coldest and hungriest—I tried not to be."

• •

"이제 다시 공주가 된 기분이겠구나."

세라는 고개를 숙인 채 살짝 얼굴을 붉혔다. 왜냐하면 자기만의 소중한 상상이, 모르는 사람에게는—아무리 친절한 사람이라도—처음에는 이해하기 어려울지도 모른다는 생각이 들었기 때문이다.

"전—공주처럼 행동하려고 노력했을 뿐이에요." 세라가 나직한 목소리로 대답했다—"가장 춥고 배고플 때조차—그러려고 노력했을 뿐이에요."

---

flush 얼굴을 붉히다

Little Women

(작은 아씨들)

유쾌하면서도 따뜻한 감동을 주는 《작은 아씨들》입니다.

미국 작가 루이자 메이 올컷이 1868년에 발표한 이 작품은

19세기 미국을 무대로 한 자전적 소설이에요.

마치 가문의 네 자매 메그, 조, 베스, 에이미는

남북전쟁으로 아버지가 전장에 나가 있는 동안

가난 속에서 어려운 시기를 보내면서도

서로 다른 개성과 꿈을 가지고 성장해 갑니다.

작품 전반에 청교도적 배경과 윤리관이 깔려 있어요.

활발하고 글쓰기를 사랑하는 둘째 조는 작가 올컷의 캐릭터로,

여전히 많은 독자들에게 특히 더 사랑을 받고 있지요.

아무것도 먹지 못했어도,
정말 행복한 아침 식사 시간이었다

That was a very happy breakfast, though they didn't get any of it. And when they went away, leaving comfort behind, there were not in all the city, four merrier people, than the hungry little girls who gave away their breakfasts on Christmas morning.

· ·

아무것도 먹지 못했어도, 정말 행복한 아침 식사 시간이었다. 그 집에 위로와 안락함을 남기고 밖으로 나섰을 때, 크리스마스 아침에 먹을거리를 이웃에게 나누어준 배고픈 소녀들보다 더 행복한 사람은 도시 전체 어디에도 없었다.

---

comfort 위로, 안락   merry 즐거운

엄마의 얼굴은
그들을 따뜻하게 밝혀주는 햇살이었다

They always looked back before turning the corner, because their mother was always at the window to nod and smile, and wave her hand to them. Somehow it seemed as if they couldn't have got through the day without that, for whatever their mood might be, the last glimpse of that motherly face was sure to affect them like sunshine.

• •

메그와 조는 모퉁이를 돌기 전에 항상 뒤를 돌아보았다. 창가에서 늘 고개를 끄덕이고 웃으며 손을 흔들어 주시는 엄마가 계셨기 때문이다. 어쩐지 그 인사 없이는 하루를 버텨낼 수 없을 것 같았다. 기분이 좋은 날이든 나쁜 날이든, 마지막으로 바라보는 엄마의 얼굴은 그들을 따뜻하게 밝혀주는 햇살이었다.

---

nod (고개를) 끄덕이다   get through (어려운 일이나 시간을) 견디다   glimpse 잠깐 봄

불만이 생길 때마다
너희가 누리는 축복을 떠올리렴

The girls were anxious to be good and made many excellent resolutions, but they did not keep them very well. So they asked an old woman what spell they could use to make them happy, and she said, "When you feel discontented, think over your blessings, and be grateful."

• •

소녀들은 착한 사람이 되고 싶어 여러 가지 훌륭한 다짐을 했어. 하지만 잘 지키지 못했지. 그래서 노파를 찾아가 행복해질 수 있는 주문을 알려달라고 했어. 노파가 말했지. "불만이 생길 때마다 너희가 누리는 축복을 떠올리렴. 그러면 감사하는 마음을 갖게 될 거야."

---

anxious 불안해하는   resolution 다짐   discontented 불만스러운   grateful 고마워하는

사랑은 두려움을 몰아내고, 감사는 자존심을 이겨낸다

Mr. Laurence was so touched and pleased by that confiding little kiss that all his crustiness vanished. He felt as if he had got his own little granddaughter back again. Beth ceased to fear him from that moment, and sat there talking to him as cozily as if she had known him all her life, for love casts out fear, and gratitude can conquer pride.

• •

로렌스 할아버지는 베스의 작은 입맞춤에 깊이 감동하고 기뻐했다. 퉁명스럽던 태도는 온데간데없었다. 마치 죽은 손녀가 살아 돌아온 것만 같은 기분이었다. 베스는 그 때부터 더 이상 할아버지를 두려워하지 않았고, 평생 알고 지낸 사람처럼 다정하게 이야기를 나누었다. 왜냐하면 사랑은 두려움을 몰아내고, 감사는 자존심을 이겨내기 때문이다.

---

confiding 신뢰하는   crustiness 퉁명스러움   vanish 사라지다   cease 그치다, 그만두다
cast out 몰아내다, 내쫓다   conquer 이기다, 정복하다

진정한 재능이나 미덕은
결국에는 드러나기 마련이야

You have a good many little gifts and virtues, but there is no need of parading them, because arrogance spoils the finest genius. There is not much danger that real talent or goodness will be overlooked long, even if it is, the consciousness of possessing and using it well should satisfy one, and the great charm of all power is modesty.

• •

넌 재능도 많고 장점도 많아. 하지만 굳이 그걸 과시할 필요는 없어. 자만은 가장 뛰어난 천재성도 망칠 수 있거든. 진정한 재능이나 미덕이 오랫동안 묻힐 일은 별로 없어. 결국은 드러나기 마련이지. 비록 당장은 인정받지 못하더라도, 그런 재능을 지니고 제대로 쓰고 있다는 걸 안다는 사실에 만족하렴. 모든 능력의 가장 큰 매력은 바로 겸손이란다.

---

virtue 미덕, 장점   parade 과시하다, 뽐내다   arrogance 오만   overlook 간과하다
consciousness 의식, 자각

엄마의 얼굴에 담긴 인내와 겸손은
어떤 훈계나 비판보다 큰 가르침이었다

The patience and the humility of the face she loved so well were a better lesson to Jo than the wisest lecture, the sharpest criticism. She felt comforted at once by the sympathy and confidence given her. The knowledge that her mother had a fault like hers, and tried to mend it, made her own easier to bear and strengthened her resolution to cure it.

• •

사랑하는 엄마의 얼굴에 담긴 인내와 겸손은, 어떤 현명한 훈계나 날카로운 비판보다 조에게 큰 가르침이 되었다. 엄마에게 받은 공감과 신뢰 덕분에 금세 위안을 느꼈다. 엄마도 자신과 같은 결점을 지니고 그것을 고치려 애쓴다는 걸 알게 되자, 조는 자신의 부족함을 조금 더 너그러이 받아들일 수 있었고, 고치려는 다짐도 확고히 할 수 있었다.

---

humility 겸손   criticism 비판   comfort 위로하다   sympathy 연민, 공감
confidence 신뢰   resolution 다짐

네 안의 적을
항상 조심해야 한단다

I hope you will be a great deal better, dear, but you must keep watch over your 'bosom enemy', as father calls it, or it may sadden, if not spoil your life. You have had a warning. Remember it, and try with heart and soul to master this quick temper, before it brings you greater sorrow and regret than you have known today.

· ·

넌 엄마보다 훨씬 더 훌륭한 사람이 될 거야. 하지만 아빠 말씀대로, 네 안에 있는 '가슴 속의 적'을 항상 조심해야 한단다. 그게 네 삶을 망치지는 않더라도, 분명 슬프게 할 수는 있으니까. 이제 교훈을 얻었으니 꼭 마음에 새기렴. 급한 성미를 다스리기 위해 온 마음을 다해 노력해야 해. 오늘 겪은 것보다 더 큰 슬픔과 후회를 맞기 전에 말이지.

---

deal 상당히, 많이　bosom 가슴, 흉부　sadden 슬프게 하다
master (감정을) 억누르다, 다스리다

가치 있는 칭찬을
소중히 여길 줄 알아야 해

"But it is nice to be praised and admired, and I can't help saying I like it," said Meg.
"That is perfectly natural, and quite harmless, if the liking does not become a passion and lead one to do foolish things. Learn to know and value the praise which is worth having, and to excite the admiration of excellent people by being modest as well as pretty, Meg."

• •

"하지만 칭찬을 받는 건 기분 좋은 일이잖아요. 저도 그런 게 좋은걸요." 메그가 말했다.
"그런 마음은 아주 자연스러운 거란다. 감정이 지나쳐서 어리석은 행동으로 이어지지만 않는다면, 문제 될 게 없지. 진정으로 가치 있는 칭찬이 무엇인지 알고 그걸 소중히 여길 줄 알아야 해. 그리고 겉모습뿐 아니라 겸손함으로 훌륭한 사람들의 감탄을 자아내는 사람이 되렴, 메그."

---

can't help ~ing ~하지 않을 수 없다   harmless 무해한   passion 격렬한 감정
excite (감정이나 반응을) 불러일으키다   admiration 감탄, 존경

행복한 미래를 기다리는 동안
지혜롭게 준비하렴

I want my daughters to be beautiful, accomplished, and good. To be admired, loved, and respected. It is natural to think of a happy future, Meg, right to hope and wait for it, and wise to prepare for it, so that when the happy time comes, you may feel ready for the duties and worthy of the joy.

• •

난 내 딸들이 아름답고, 교양 있고, 바르게 자라기를 바란단다. 칭찬과 사랑, 그리고 존경을 받는 그런 사람으로 말이지. 행복한 미래를 꿈꾸는 건 당연한 거야, 메그, 그 날을 바라고 기다리는 것도 옳은 일이란다. 그리고 그걸 미리 준비하는 건 지혜로운 거야. 그래야 행복이 찾아왔을 때, 함께 주어지는 책임도 잘 감당할 수 있고 기쁨도 더욱 값지게 느낄 수 있으니까.

---

accomplished 교양 있는, 재주가 많은

가난하더라도
아름답게 성공하는 삶이 될 수 있어

Don't go to extremes and work like slaves. Have regular hours for work and play, make each day both useful and pleasant. And prove that you understand the worth of time by employing it well. Then youth will be delightful, old age will bring few regrets, and life will become a beautiful success, in spite of poverty.

∙ ∙

너무 한쪽으로 치우쳐서 노예처럼 일만 하지는 마. 일할 땐 일하고 놀 땐 놀아야 해. 하루하루를 알차고 재미있게 보내렴. 시간을 잘 활용하면서 그 가치를 이해하고 있다는 걸 보여 봐. 그러면 젊은 시절을 즐겁게 보낼 수 있고, 나이가 들어서도 후회가 적을 거야. 비록 가난하더라도 아름답게 성공하는 삶이 될 수 있어.

---

employ (시간, 수단 등을) 쓰다   in spite of ~에도 불구하고   poverty 가난, 빈곤

인내하며
용기 있게 나아가렴

You say nothing about your trials, failures, or successes, but I have seen them all, and heartily believe in the sincerity of your resolution, since it begins to bear fruit. Go on, dear, patiently and bravely, and always believe that no one sympathizes more tenderly with you than your loving....

• •

그동안 네가 어떤 시련과 실패, 성공을 경험했는지 말하지 않았지만, 엄마는 모두 지켜보고 있었단다. 그리고 네 다짐이 진심이라는 것도 믿어. 왜냐하면 네 노력이 이제 열매를 맺기 시작했으니까. 앞으로도 인내하며 용기 있게 나아가렴. 그리고 누구보다 너를 따뜻하게 이해하는 사람이 엄마라는 걸 언제나 기억해.

---

trial 시련   sincerity 진심   resolution 다짐   sympathize 공감하다

구름 뒤에는
언제나 빛이 있으니

As she lifted the curtain to look out into the dreary night, the moon broke suddenly from behind the clouds and shone upon her like a bright, gentle face, which seemed to whisper in the silence, "Be comforted, dear soul! There is always light behind the clouds."

· ·

커튼을 걷고 우울한 밤을 내다보았을 때, 구름 뒤에 있던 달이 갑자기 모습을 드러냈다. 달빛이 밝고 다정한 얼굴로 그녀를 비추며 고요 속에서 이렇게 속삭이는 듯했다. "사랑하는 영혼이여, 위로받으라! 구름 뒤에는 언제나 빛이 있으니."

---

dreary 쓸쓸한, 음울한　comfort 위로하다

삶의 진정한 축복은
돈으로는 살 수 없다

How dark the days seemed now, how sad and lonely the house, and how heavy were the hearts of the sisters as they worked and waited. Margaret felt how rich she had been in things more precious than any luxuries money could buy—in love, protection, peace, and health, the real blessings of life.

· ·

하루하루가 어두운 날들이었다. 집에는 슬픔과 적막이 흘렀고, 각자의 일을 하며 기다리는 자매들의 마음은 무겁기만 했다. 메그는 지금껏 돈으로 살 수 있는 호화로움보다 더 귀한 것들—사랑, 보호, 평온함, 그리고 건강 같은 삶의 진정한 축복 속에서 자신이 얼마나 풍요로웠는지를 깨달았다.

---

luxury 호화로움, 사치   blessing 축복

약간의 부족함이 오히려
작은 기쁨을 더 달콤하게 할 수도 있어

Money is a good and useful thing, but I know, by experience, how much genuine happiness can be had in a plain little house, where the daily bread is earned, and some hardships give sweetness to the few pleasures.

• •

돈이 있으면 좋기도 하고 유용해. 하지만 엄마는 경험을 통해서 알지. 작고 소박한 집에서도 진짜 행복을 누릴 수 있다는 걸 말이야. 매일 먹을 양식이 있다면, 약간의 부족함이 오히려 작은 기쁨을 더 달콤하게 할 수도 있어.

---

genuine 진짜의   hardships 어려움, 곤란

세상이 가진 축복의 절반은
결핍에서 온 영감 덕분에 탄생했다

Wealth is certainly a most desirable thing, but poverty has its sunny side. One of the sweet uses of adversity is the genuine satisfaction which comes from hearty work of head or hand. And to the inspiration of necessity, we owe half the wise, beautiful, and useful blessings of the world.

· ·

부(富)는 분명히 아주 가치 있는 것이지만, 가난에도 밝은 면이 있다. 역경이 주는 달콤한 선물 중 하나는 머리나 손으로 열심히 일한 뒤에 맛보는 진정한 만족감이다. 그리고 세상의 지혜롭고 아름답고 유용한 축복의 절반은 필요나 결핍에서 온 영감 덕분에 탄생했다.

---

desirable 바람직한, 가치 있는   poverty 빈곤   adversity 역경
owe ~덕분이다, ~에게 빚지다

무례한 사람에게는
오히려 친절로 답하는 게 최선이야

"Because they are mean is no reason why I should be. And I think I've a right to be hurt, I don't intend to show it. They will feel that more than angry speeches or huffy actions, won't they?"
"That's the right spirit, my dear. A kiss for a blow is always best, though it's not very easy to give it sometimes," said her mother.

· ·

"상대가 못되게 군다고 저까지 그래야 할 이유는 없잖아요. 상처받을 권리는 있지만 그걸 드러낼 필요도 없고요. 그 사람들은 제가 화내거나 발끈하는 것보다 더 느끼는 게 많을 거예요. 그렇지 않을까요?"
"그게 올바른 마음가짐이란다, 얘야. 무례한 사람에게는 친절로 답하는 게 언제나 최선일 수 있어. 물론 쉬운 일은 아니지만." 엄마가 대답했다.

---

huffy 발끈하는, 화를 내는   blow 타격, 강타

148

잘못을 기꺼이 용서할 수 있는
널 존경하고 사랑해

"You've a deal more principle and generosity and nobleness of character than I ever gave you credit for, Amy. You've behaved sweetly, and I respect you with all my heart," said Jo warmly.

"Yes, we all do, and love you for being so ready to forgive. I don't believe I could have done it as kindly as you did," added Beth from her pillow.

• •

"넌 내가 생각했던 것보다 훨씬 더 신념이 강하고, 너그럽고, 품위 있어, 에이미. 동생이지만 네 행동은 정말 멋졌어. 진심으로 존경해." 조가 따뜻하게 말했다.
"맞아, 우리 모두 그래. 잘못을 기꺼이 용서할 수 있는 마음을 가진 널 존경하고 사랑해. 나 같으면 너처럼 친절하게 행동하진 못했을 거야," 베개에 누운 베스도 거들었다.

---

deal 상당히, 많이　generosity 너그러움　nobleness 고귀함
give credit for 공로를 인정하다

난 내가 대접받고 싶은 대로
남을 대했을 뿐이야

"I only did as I'd be done by. I'm far from it now, but I do my best, and hope in time to be what Mother is."

Amy spoke earnestly, and Jo said, with a cordial hug, "You are getting on faster than you think, and I'll take lessons of you in true politeness. Try away, you'll get your reward some day, and no one will be more delighted than I shall."

• •

"난 내가 대접받고 싶은 대로 남을 대했을 뿐이야. 아직 부족하지만, 그래도 최선을 다하고 있어. 언젠가는 엄마처럼 되고 싶거든."

에이미는 진심 어린 목소리로 말했다. 조가 에이미를 다정하게 껴안으며 말했다. "네가 생각하는 것보다 훨씬 잘해 나가고 있어, 에이미. 진짜 예의가 뭔지 나도 너한테 배워야겠어. 계속 그렇게 노력하면, 언젠가는 꼭 보답받게 될 거야. 그땐 누구보다 내가 제일 기뻐할 거야."

---

earnestly 진지하게   cordial 다정한

기뻐하는 척이 아니라,
진심으로 기뻐하도록 노력할게요

"I'll try," said Jo, winking hard as she knelt down to pick up the basket she had joyfully upset. "I'll take a leaf out of her book, and try not only to seem glad, but to be so, and not grudge her one minute of happiness."

• •

"노력해 볼게요." 조는 눈을 깜빡이며 눈물을 꾹 참았다. 무릎을 굽혀, 기뻐서 엎질렀던 바구니를 주우며 말했다. "동생을 본받아볼게요. 그리고 겉으로만 기뻐하는 척이 아니라, 진심으로 기뻐하도록 노력할게요. 동생의 행복을 단 1분도 질투하지 않도록 노력할게요."

---

knelt(kneel의 과거) 무릎을 꿇다　take a leaf out of someone's book 누군가를 본받다
leaf (책의) 낱장　grudge 시기하다

타인에 대한 진심 어린 선의가
사람을 더욱 빛나고 품위 있게 만든다

He was neither rich nor great, young nor handsome, in no respect what is called fascinating, imposing, or brilliant. He was poor, yet always appeared to be giving something away; a stranger, yet everyone was his friend. Jo discovered that genuine good will toward one's fellow men could beautify and dignify. Character is a better possession than money, rank, intellect, or beauty.

• •

그는 부자나 대단한 인물도 아니었고, 젊거나 잘생기지도 않았다. 어디 하나 눈에 띄게 매력적이거나 뛰어난 점도 없었다. 그는 가난했지만 늘 베풀었고, 낯선 이라도 누구나 그와 친구가 되었다. 조는 마침내 깨달았다. 타인에 대한 진심 어린 선의가 사람을 더욱 빛나고 품위 있게 만들어준다는 것을. 성품은 돈이나 지위, 지성, 아름다움보다 더 귀한 자산이 된다.

---

in no respect 어떤 점에서도 ~아닌   fascinating 매력적인   imposing 인상적인, 눈길을 끄는
good will 호의, 선의   beautify 아름답게 하다   dignify 고귀하게 하다

사랑으로 네 마음이 열리면,
거친 껍질도 자연스럽게 떨어져나갈 거야

You are like a chestnut burr, prickly outside, but
silky-soft within, and a sweet kernel, if one can only
get at it. Love will make you show your heart one
day, and then the rough burr will fall off.

· ·

넌 마치 밤송이 같아. 겉은 가시처럼 뾰족하지만, 속은 비단처럼 부드럽고, 알맹이는
달콤해. 그걸 진짜로 알아봐줄 사람을 만나기만 하면 돼. 언젠가 사랑으로 네 마음이
열리면, 거친 껍질도 자연스럽게 떨어져나갈 거야.

---

chestnut burr 밤송이   prickly 가시투성이의   kernel 알맹이

DAY 067

희망은 아직 버리지 않았지만,
지금은 기다릴 수 있어

"Do you remember our castles in the air?" asked Amy, smiling. "Yes, I remember, but the life I wanted then seems selfish, lonely, and cold to me now. I haven't given up the hope that I may write a good book yet, but I can wait, and I'm sure it will be all the better for such experiences and illustrations as these," answered Jo.

• •

"우리 어릴 때 했던 상상들, 기억나?" 에이미가 웃으며 물었다. "응, 기억나. 하지만 그때 내가 원하던 삶은 지금 생각하면 이기적이고, 외롭고, 차가워 보여. 좋은 책을 쓰겠다는 희망은 아직 버리지 않았지만, 지금은 기다릴 수 있어. 이런 경험과 삶의 장면들이 더 좋은 책을 쓸 수 있게 해줄 거라고 믿거든."

---

illustration 삽화

The Secret Garden

(비밀의 화원)

인도에서 살던 영국인 소녀 메리 레녹스가 부모를 잃고

영국 요크서 귀족인 고모부 집으로 이사를 오면서

일어나는 이야기를 담은 《비밀의 화원》입니다.

《소공녀》의 작가 프랜시스 버넷의 동화예요.

책의 제목이기도 한 '비밀의 화원'은

고모가 죽은 후 고모부가 버려둔 화원이지요.

메리는 정원사 벤 할아버지와 친구 디콘의 도움을 받아

화원을 아름답게 가꾸기 시작하고,

그 덕분에 침울하던 고모부 집안은 행복을 되찾습니다.

요크서의 아름다운 자연과 주민들의 순수함에 대한 묘사,

따뜻하고 희망적인 문체 덕분에 필사하기 좋은 작품입니다.

그래도 봄은
분명히 오고 있어요

The storm's over for a bit. It does this at this time of the year. It goes off in a night, like it was pretending it had never been here and never meant to come again. That's because the springtime's on its way. It's a long way off yet, but it's coming.

• •

폭풍이 이제 그쳤네요. 매년 이맘때쯤이면 황무지는 이렇답니다. 애초에 온 적도 없고 다시는 오지 않을 것처럼, 하룻밤 사이에 흔적도 없이 사라져버리죠. 그건 봄이 오고 있기 때문이에요. 아직은 멀었지만, 그래도 봄은 분명히 오고 있어요.

---

meant(mean의 과거) 의도하다, 작정하다

땅도 지금 무언가를 키울 준비를 하느라 기분이 좋은 거예요

"Springtime's coming," Ben said. "Can't you smell it?"

Mary sniffed and thought she could.

"I smell something nice and fresh and damp," she said.

"That's the good rich earth," he answered, digging away. "It's in a good humor, getting ready to grow things. It's glad when planting time comes. It's dull in the winter when it's got nothing to do."

• •

"봄이 오고 있어요." 벤이 말했다. "냄새가 나지 않나요?"

메리가 코를 킁킁거려보니, 정말 그런 것 같았다.

"뭔가 기분 좋고 신선하고 축축한 냄새가 나요." 메리가 말했다.

"비옥한 땅 냄새랍니다." 벤이 땅을 파며 대답했다. "땅도 지금 무언가를 키울 준비를 하느라 기분이 좋은 거예요. 씨를 뿌릴 때가 오면 흙도 기뻐하죠. 겨울에는 할 일이 없어서 지루하니까요."

---

sniff 코를 킁킁거리다　　damp 축축한　　dull 따분한, 지루한

이 정원이 다시 살아나길 바라는 사람은 세상에 나 하나뿐이야

Mary pushed the door slowly open and they passed in together.

"It's this," she said. "It's a secret garden, and I'm the only one in the world who wants it to be alive."

Dickon looked round and round about it. "Eh!" he almost whispered, "it is a queer, pretty place! It's like as if a body was in a dream."

· ·

메리는 천천히 문을 열었고, 둘은 함께 안으로 들어갔다.
"바로 여기야." 메리가 말했다. "비밀의 정원이야. 이곳이 다시 살아나길 바라는 사람은 이 세상에 나 하나뿐이야."
디콘은 이리저리 둘러보고 또 둘러보더니 거의 속삭이듯 말했다. "와! 정말 신기하면서도 예쁜 곳이네요! 꼭 꿈속에 있는 것 같아요."

---

about 이리저리　　queer 기묘한

제 평생 이렇게 재미있는 일은
처음이에요

"Will you come again and help me to do it?" Mary begged. "I'm sure I can help, too. I can dig and pull up weeds, and do whatever you tell me. Oh! do come, Dickon!"

"I'll come every day if you want me to, rain or shine," he answered firmly. "It's the best fun I've ever had in my life—shut in here and waking up a garden."

• •

"또 와서 날 도와줄래?" 메리가 애원했다. "나도 도울 수 있어. 땅도 파고 잡초도 뽑고, 네가 하라는 건 뭐든지 할게. 제발 와 줘, 디콘!

"아가씨가 원하시면 비가 오나 눈이 오나 매일 올게요." 디콘이 단호하게 대답했다. "제 평생 이렇게 재미있는 일은 처음이에요—이 안에서 정원을 깨우는 거 말이에요."

---

firmly 단호하게

세상이
오늘 아침 다시 시작되었잖아요

I was up long before the sun. How could I have
stayed in bed! The world has started all over again
this morning. And it's working and humming
and scratching and piping and building nests and
breathing out scents, until you've just got to be out
in it instead of lying on your back. I came straight
here. I couldn't have stayed away. Why, the garden
was lying here waiting!

• •

전 해님보다도 훨씬 먼저 일어났어요. 어떻게 침대에 누워 있을 수가 있겠어요! 세상
이 오늘 아침 다시 시작되었잖아요. 온 세상이 일하고, 흥얼거리고, 긁어대고, 지저
귀고, 둥지를 틀고, 향기를 내뿜고 있는데 등을 대고 누워있을 수 없죠. 얼른 나와야
죠. 곧장 여기로 온 거예요. 안 올 수가 없었어요. 정원이 여기서 기다리고 있으니까
요!

---

hum 콧노래를 하다   pipe 피리를 불다, (새가) 지저귀다   scent 향기

메리는 몸을 숙여
꽃잎에 몇 번이고 입을 맞추었다

Dickon threw himself upon his knees and Mary went down beside him. They had come upon a whole clump of crocuses burst into purple and orange and gold. Mary bent her face down and kissed and kissed them.

"You never kiss a person in that way. Flowers are so different," she said when she lifted her head.

"I'm so happy I can scarcely breathe!"

• •

디콘은 주저앉듯 무릎을 꿇었고, 메리도 그 옆에 함께 앉았다. 둘은 보라색, 주황색, 황금빛으로 활짝 핀 크로커스 무더기와 마주쳤다. 메리는 몸을 숙여 얼굴을 가까이 대고, 꽃잎에 몇 번이고 입을 맞추었다.

"사람한테는 이렇게 입맞출 수 없을 거야. 꽃은 정말 달라." 메리가 고개를 들며 말했다.

"너무 행복해서 숨쉬기도 힘들 정도야!"

---

come upon 우연히 마주치다　clump 무리, 무더기
crocuses 크로커스(작은 튤립 같은 꽃이 피는 식물)

그날 아침, 비밀의 화원에는
세상의 모든 기쁨이 가득했다

Dickon showed Mary swelling leaf buds on rose branches which had seemed dead. He showed her ten thousand new green points pushing through the mold. They put their eager young noses close to the earth and sniffed its warmed springtime breathing. There was every joy on earth in the secret garden that morning.

• •

디콘은 죽은 것처럼 보였던 장미 가지에서 부풀어 오르는 잎눈들을 메리에게 보여 주었다. 그는 흙을 뚫고 올라오는 수많은 초록빛 새싹도 보여주었다. 둘은 코를 땅에 가까이 대고 킁킁거리며 따뜻한 봄 냄새를 들이마셨다. 그날 아침, 비밀의 화원에는 세상의 모든 기쁨이 가득했다.

---

swelling 부푼   mold 곰팡이, 부식된 흙   sniff 코를 킁킁거리다

우리도 지금
둥지를 짓는 중이거든

"You know we won't trouble you," Dickon said to the robin.
"We are nearly being wild things ourselves. We are nest-building too. Look out you don't tell on us."

• •

"우리가 널 귀찮게 하진 않을 거라는 거 알지?" 디콘이 울새에게 말했다.
"우리도 야생 동물들이랑 거의 비슷해. 우리도 지금 둥지를 짓는 중이거든. 어디 가서 우리 얘기 고자질하면 안 돼."

---

robin 울새   tell on ~을 고자질하다

178

봄이 오면,
마치 온 세상이 부르는 것 같아요

Just listen to those birds—the world seems full of them—all whistling and piping. Look at them darting about, and listen to them calling to each other. Come springtime, it seems like the whole world is calling. The leaves are uncurling so you can see them—and, my word, what wonderful smells there are about!

• •

저 새들을 좀 들어보세요—세상이 온통 새 소리로 가득한 것 같아요—다들 휘파람을 불듯이 지저귀고 있어요. 쏜살같이 날아다니며 서로를 부르는 소리에 귀 기울여 보세요. 봄이 오면, 마치 온 세상이 부르는 것 같아요. 말려있던 잎사귀가 펴지며 모습을 드러내고—세상에, 근사한 향기가 사방에 얼마나 가득한지 몰라요!

---

pipe 피리를 불다, (새가) 지저귀다　　dart 쏜살같이 달리다　　uncurl 펴다, 펴지다
about 여기저기, 사방에

상쾌하면서도 따뜻하고
달콤한 향기가 한꺼번에 나

When Mary sat down close to Colin's bed, he began
to sniff.

"You smell like flowers and—fresh things," Colin
cried out quite joyfully. "What is it that you smell
of? It's cool and warm and sweet all at the same
time."

"It's the wind from the moor," Mary said. "It's
springtime, and out of doors, the sunshine smells so
grand."

• •

메리가 콜린의 침대 가까이에 앉자, 콜린이 킁킁거리기 시작했다.
"너한테서 꽃이랑—싱그러운 것들의 향기가 나." 콜린이 아주 기쁜 듯 외쳤다. "너한
테 나는 이 냄새는 뭐야? 상쾌하면서도 따뜻하고 달콤한 향기가 한꺼번에 나."
"황무지에서 부는 바람의 냄새야," 메리가 말했다. "봄이 왔어, 밖에는, 햇살이 정말
근사한 향기를 풍기고 있어."

---

sniff 코를 킁킁거리다　grand 웅장한, 더할 나위 없는

아이들에게는
아이들이 필요해

I believe Susan Sowerby's right—I really do. I stopped by her cottage on my way to Thwaite yesterday and had a bit of talk with her. And she said to me, "Well, she may not be a good child, and she may not be a pretty one, but she's a child, and children need children."

• •

수잔 소어비의 말이 맞아요—정말 그래요. 어제 트웨이트 가는 길에 수잔네 집에 잠깐 들러서 이야기를 나눴거든요. 그때 수잔이 그러더군요. "음, 그 애가 착한 아이는 아닐 수도 있고 예쁜 아이도 아닐 수 있어. 하지만 그래도 아이는 아이야. 아이들에게는 아이들이 필요해." 라고요.

---

cottage (시골의) 작은 집

오렌지를 통째로 가질 수 있는 사람은
아무도 없어

When I was at school, my geography teacher said
the world was shaped like an orange. And before I
was ten, I found out that the whole orange belongs
to nobody. No one gets more than their own little
quarter—and sometimes it seems like there aren't
even enough quarters to go around. So don't any of
you think you own the whole orange, or you'll find
out you're wrong.

• •

내가 학교에 다닐 때, 지리 선생님이 이 세상은 오렌지 모양이라고 알려주셨어. 그리
고 난 열 살이 되기 전에, 그 오렌지를 통째로 가질 수 있는 사람은 아무도 없다는 걸
알게 됐어. 누구든 자기에게 주어진 몫 이상으로는 갖지 못해—그마저도 모두에게
돌아가지 않는 것처럼 보일 때도 있지. 그러니까 너희 중 누구도 오렌지 전체가 자기
것이라는 생각은 하면 안 돼. 결국에는 그게 틀린 생각이라는 걸 알게 될 테니까.

---

geography 지리학   quarter 4분의 1

진짜 마법이 아니라도,
그렇게 믿으면 마법이 돼

"I shall stop being queer," Colin said, "if I go every day to the garden. There is Magic in there—good Magic, you know. I am sure there is."
"So am I," said Mary.
"Even if it isn't real Magic, we can pretend it is. Something is there—something!"
They always called it Magic and indeed it seemed like it in the months that followed.

• •

"매일 정원에 간다면, 난 더 이상 별나게 굴지 않을 거야. 정원에는 마법이 있거든—좋은 마법 말이야. 난 정말 그렇게 믿어." 콜린이 말했다.
"나도 그래." 메리가 동의했다.
"설령 진짜 마법이 아니라도, 그렇게 믿으면 돼. 거기엔 뭔가 특별한 게 있잖아—정말로!"
아이들은 그것을 늘 마법이라 불렀고 그 뒤로 이어진 몇 달 동안 정말 마법이 일어난 것 같았다.

---

queer 별난, 괴상한

누구든 오래 바라보면,
꽃봉오리가 피어나는 순간을 볼 수 있다

Roses came alive day by day, hour by hour. Fair fresh leaves, and buds—tiny at first but swelling and working Magic until they burst. Then they delicately uncurled into cups of scent, filling the garden air. Colin saw it all, watching each change as it took place. If you watched long enough, he declared, you could see buds unfold themselves.

• •

장미는 날마다, 시간마다 생기를 더해갔다. 곱고 싱그러운 잎사귀와 꽃봉오리—처음에 아주 작았던 꽃봉오리는 점점 부풀어 올라 마법처럼 터지듯 피어났다. 그리고 꽃잎이 향기로운 잔처럼 살며시 펼쳐져, 정원의 공기를 가득 채웠다. 콜린은 그 모든 게 하나하나 변화하는 모습을 지켜보았다. 그리고 누구든 충분히 오래 바라보면, 꽃봉오리가 피어나는 순간을 볼 수 있다고 말했다.

---

swell 부풀다   burst 터지다, 터뜨리다   delicately 섬세하게   uncurl 펴다, 펴지다

좋은 일이 생길 거라고 말하는 게
마법의 시작일지도 몰라

"Of course there must be lots of Magic in the world," Colin said wisely one day.
"But people don't know what it is like or how to make it. Perhaps the beginning is just to say nice things are going to happen until you make them happen."

• •

"물론 세상에는 분명히 많은 마법이 있겠지." 콜린이 어느 날 의젓하게 말했다.
"하지만 사람들은 그 마법이 어떤 건지, 어떻게 만드는지 잘 몰라. 어쩌면 좋은 일이 생길 거라고 말하는 게 마법의 시작일지도 몰라. 진짜로 좋은 일이 일어날 때까지 말이야."

마법은 내 안에 있어!
마법이 날 건강하게 해줄 거야!

When I was going to try to stand that first time Mary kept saying to herself as fast as she could, 'You can do it! You can do it!' and I did. I had to try myself at the same time, of course, but her Magic helped me—and so did Dickon's. Every morning and evening and as often in the daytime as I can remember I am going to say, 'Magic is in me! Magic is making me well!'

• •

제가 처음으로 일어서보려 했을 때, 메리는 혼자서 최대한 빠르게 '넌 할 수 있어! 넌 할 수 있어!'라고 중얼거렸어요. 그리고 전 정말 해냈어요. 물론 저도 스스로 노력했지만, 메리의 마법이 절 도와줬어요—디콘의 마법도요. 매일 아침저녁으로, 그리고 낮에도 기억나는 대로 자주 말할 거예요. '마법은 내 안에 있어! 마법이 날 건강하게 해줄 거야!'라고요.

아이들의 건강한 웃음은
약보다 효과가 좋은 법이야

"The trouble is that sometimes they can scarcely keep from bursting out laughing. When we get safe into the garden they laugh till they've no breath left to laugh with," said Dickon.

"The more they laugh, the better for them!" said Mrs. Sowerby, still laughing herself.

"Good, healthy children's laughter is better than pills any day of the year."

• •

"문제는 가끔 콜린 도련님과 메리 아가씨가 터지는 웃음을 참지 못한다는 거예요. 우리가 정원 안에 무사히 들어가면, 두 사람은 숨이 다할 때까지 웃어대요." 디콘이 말했다.

"웃으면 웃을수록 아이들에게 더 좋지!" 소어비 부인은 여전히 웃으며 말했다.

"좋아, 아이들의 건강한 웃음은 언제라도 약보다 효과가 좋은 법이야."

---

scarcely 거의 ~않다

장미를 가꾸는 곳에는
엉겅퀴가 자랄 수 없다

Much more surprising things can happen to anyone who, when a disagreeable or discouraged thought comes into his mind, just has the sense to remember in time and push it out by putting in an agreeable determinedly courageous one. Two things cannot be in one place.

"Where you tend a rose, a thistle cannot grow."

• •

누구에게든 훨씬 더 놀라운 일이 일어날 수 있다. 불쾌하거나 낙담한 생각이 떠오를 때, 제때 그걸 알아차리고, 기분 좋고 단호하며 용기 있는 생각으로 밀어낼 수만 있다면 말이다. 한 자리에 두 가지 생각이 함께 머무를 수는 없는 법이니까.
"장미를 가꾸는 곳에는 엉겅퀴가 자랄 수 없다."

---

disagreeable 불쾌한   agreeable 기분 좋은   determinedly 단호히   tend 보살피다
thistle 엉겅퀴

아버지와 같이 걸어서 돌아갈 거예요, 집으로요

Colin put out his hand and laid it on his father's arm.

"Aren't you glad, Father? Aren't you glad? I'm going to live forever and ever and ever!"

"Now," Colin said at the end of the story, "it need not be a secret any more. I dare say it will frighten them nearly into fits when they see me—but I am never going to get into the chair again. I shall walk back with you, Father—to the house."

· ·

콜린은 손을 뻗어 아버지의 팔에 얹었다.

"기쁘지 않으세요, 아버지? 기쁘지 않으세요? 전 죽지 않고 영원히, 영원히 살 거예요!"

"이제," 이야기를 마치며 콜린이 말했다. "이제 더 이상 비밀은 필요 없어요. 사람들이 저를 보면 깜짝 놀라 기절할 거예요—하지만 다시는 휠체어에 앉지 않을 거예요. 아버지와 같이 걸어서 돌아갈 거예요—집으로요."

---

frighten 깜짝 놀라게 하다   fit 발작, 경련

Anne of Green Gables

(빨간 머리 앤)

밝고 엉뚱한 상상력을 지닌 소녀 앤 셜리의 성장 이야기,

유머와 감성이 풍부한 아름다운 문체로 많은 사랑을 받는 작품,

캐나다 작가 루시 모드 몽고메리의 1908년 작품《빨간 머리 앤》이죠.

초록 지붕 집에 실수로 입양이 된 앤.

처음에는 좌충우돌 우여곡절을 겪지만,

점차 따뜻한 마음과 솔직한 성격으로

마릴라와 매튜, 마을 사람들의 사랑을 얻습니다.

다양한 사건 속에서도 꿈과 상상력을 잃지 않고,

우정과 사랑, 성장을 통해 앤은 멋진 삶을 배워 갑니다.

작가 몽고메리의 고향이기도 한 프린스 에드워드 섬의 시골인

에이번리에 대한 낭만적 묘사, 등장인물들의 감정 표현이 아주 근사해요.

오늘 밤에 못 오시더라도
내일 아침엔 꼭 오실 거라고 믿었어요

I had made up my mind that if you didn't come for me tonight I'd go down the track to that big wild cherry tree at the bend, and climb up into it to stay all night. It would be lovely to sleep in a wild cherry tree all white with bloom in the moonshine. You could imagine you were dwelling in marble halls, couldn't you? And I was quite sure you would come for me in the morning, if you didn't tonight.

• •

만약 오늘 밤에 절 데리러 오지 않으시면, 전 기찻길을 따라 저기 굽이진 길에 있는 커다란 벚나무에 올라가 밤새 있을 생각이었어요. 달빛 아래 하얗게 핀 벚나무에서 자는 것도 정말 근사할 거예요. 대리석으로 된 방에 사는 거라고 상상할 수도 있고요, 그렇지 않나요? 그리고 아저씨가 오늘 밤에 못 오시더라도 내일 아침엔 꼭 오실 거라고 믿었어요.

---

make up one's mind 결심하다　　dwell 거주하다　　marble 대리석　　hall 복도, 큰 방

세상의 모든 걸 안다면
재미가 반으로 줄어들 거예요

Isn't it splendid to think of all the things there are to find out about? It just makes me feel glad to be alive—it's such an interesting world. It wouldn't be half so interesting if we knew all about everything, would it? There'd be no scope for imagination then, would there?

• •

알아야 할 게 이렇게 많다는 건 정말 설레는 일 아닌가요? 살아 있다는 게 기쁘게 느껴질 만큼—세상은 정말 흥미로워요. 세상의 모든 걸 다 안다면 사는 재미가 반으로 줄어들 거예요, 상상할 여지도 없어질 테니까요. 그렇죠?

---

splendid 정말 멋진   scope 여지, 기회

바라던 걸 얻지 못할 수도 있지만
기대하는 즐거움은 누구도 막을 수 없거든요

Looking forward to things is half the pleasure of them. You may not get the things themselves; but nothing can prevent you from having the fun of looking forward to them. Mrs. Lynde says, 'Blessed are they who expect nothing for they shall not be disappointed.' But I think it would be worse to expect nothing than to be disappointed.

• •

무언가를 기대하는 건, 그 자체로 즐거운 일이에요. 바라던 걸 얻지 못할 수도 있지만, 기대하는 즐거움은 누구도 막을 수 없거든요. 린드 아주머니는 '기대하지 않는 자들은 복이 있으니, 실망할 일도 없을 것이다.'라고 말씀하시지만, 저는 실망하는 것보다 아무것도 기대하지 않는 게 더 나쁘다고 생각해요.

---

prevent from ~하지 못하게 막다   look forward to ~을 기대하다

어른이 된다는 건
분명히 근사한 일일 거예요

We had an elegant tea. Mrs. Barry had the very best china set out, just as if I was real company. I can't tell you what a thrill it gave me. Nobody ever used their very best china on my account before. It must be lovely to be grown up, when just being treated as if you were is so nice.

· ·

저희는 우아하게 차도 마셨어요. 배리 아주머니가 제일 좋은 찻잔을 꺼내주셨다니까요, 제가 진짜 손님인 것처럼요. 가슴이 얼마나 벅찼는지 말로 표현하기 힘들 정도예요. 지금까지 저를 위해서 제일 좋은 찻잔을 꺼내준 사람은 없었거든요. 어른이 된다는 건 분명히 근사한 일일 거예요. 어른인 것처럼 대접받은 것만으로도 이렇게 좋으니까요.

---

china 도자기   company (관사 없이) 손님   thrill 설렘, 떨림   on my account 나 때문에

내일은 아직 아무 실수도 저지르지 않은
새로운 날이에요

"Isn't it nice to think that tomorrow is a new day with no mistakes in it yet?"

"I'll warrant you'll make plenty in it, Anne," said Marilla."

"There must be a limit to the mistakes one person can make, and when I get to the end of them, then I'll be through with them. That's a very comforting thought."

• •

"내일은 아직 아무 실수도 저지르지 않은 새로운 날이에요. 그렇게 생각하면 기분 좋지 않으세요?"
"글쎄, 넌 내일도 틀림없이 실수를 잔뜩 할 텐데, 앤." 마릴라가 말했다.
"한 사람이 저지를 수 있는 실수엔 분명히 한계가 있어서요, 그 끝에 도달하면 저도 더 이상 실수하지 않을 거예요. 정말 위로가 되는 생각이죠."

---

warrant 장담하다   plenty 충분한 양, 풍부함   be through 끝마치다
comforting 위로가 되는

누군가를 용서하면
정말 좋은 사람이 된 것 같은 기분이 들어요

It makes you feel very virtuous when you forgive people, doesn't it? I mean to devote all my energies to being good after this and I shall never try to be beautiful again. Of course it's better to be good. I know it is, but it's sometimes so hard to believe a thing even when you know it.

• •

누군가를 용서하면 정말 좋은 사람이 된 것 같은 기분이 들어요, 그렇지 않나요? 이 제부터 착한 사람이 되려고 애쓸 거예요. 예뻐지려는 생각 같은 건 다시는 하지 않을 게요. 당연히 착하게 사는 게 좋은 거죠. 그런데 가끔은, 머리로 알면서도 마음으론 믿기 힘든 것들이 있잖아요.

---

virtuous 덕이 있는   mean 작정하다   devote (시간, 노력을) 쏟다

그중에서 가장 좋았던 건,
집으로 돌아오는 길이었어요

After supper Anne sat before the fire between Matthew and Marilla, and gave them a full account of her visit.

"I've had a splendid time," she concluded happily, "and I feel that it marks a turning point in my life. But the best of it all was the coming home."

· ·

저녁 식사 후, 앤은 매튜와 마릴라 사이의 난로 앞에 앉아 그동안의 일을 자세히 이야기했다.

"정말 멋진 시간이었어요." 앤은 행복하게 말을 마무리했다. "제 인생에서 잊지 못할 특별한 시간이 된 것 같아요. 하지만 그중에서 가장 좋았던 건, 집으로 돌아오는 길이었어요."

---

give a full account of 상세히 말하다   conclude 마치다   turning point 전환점

수백만 달러가 있다고 해도
이런 아름다움을 즐길 순 없을 거야

"We are rich," said Anne firmly. "Why, we have sixteen years to our credit, and we're happy as queens, and we've all got imaginations, more or less. Look at that sea, girls—all silver and shadow and vision of things not seen. We couldn't enjoy its loveliness any more if we had millions of dollars and ropes of diamonds."

• •

"우린 부자야." 앤이 단호하게 말했다. "봐, 우린 열여섯 해를 잘 살아왔고, 여왕처럼 행복하고, 많든 적든 모두 상상력도 가지고 있잖아. 저 바다를 봐, 얘들아—은빛 물결, 그림자, 그리고 보이지 않는 환상으로 가득해. 우리에게 수백만 달러와 다이아몬드 목걸이가 있다고 해도 이런 아름다움을 즐길 순 없을 거야."

---

to one's credit ~을 자랑할 만한   vision 환상   loveliness 사랑스러움
rope (줄, 실에) 꿰어놓은 것

나 아닌 다른 누군가가
되고 싶지는 않아

"I don't want to be anyone but myself, even if I go uncomforted by diamonds all my life," declared Anne. "I'm quite content to be Anne of Green Gables, with my string of pearl beads. I know Matthew gave me as much love with them as ever went with Madame the Pink Lady's jewels."

· ·

"나 아닌 다른 누군가가 되고 싶지는 않아, 평생 다이아몬드로 위로받지 못한다고 해도 말이야." 앤이 당차게 말했다. "난 진주 목걸이를 한 초록 지붕의 앤으로 충분히 만족해. 매튜 아저씨가 그 목걸이에 담아준 사랑이, 분홍 드레스 부인의 보석에 담긴 사랑 못지않게 크다는 걸 알거든."

---

uncomforted 위로가 안 되는   declare 분명히 말하다   content 만족하는

필요 없는 가지를 잘라내고
새 가지를 뻗은 것뿐이에요

I'm not a bit changed, not really. I'm only just pruned down and branched out. The real me, back here, is just the same. It won't make a bit of difference where I go or how much I change outwardly; at heart I shall always be your little Anne, who will love you and Matthew and dear Green Gables more and better every day of her life.

• •

전 조금도 변하지 않았어요. 정말로요. 필요 없는 가지를 잘라내고 새 가지를 뻗은 것뿐이에요. 제 안에 있는 진짜 저는 똑같아요. 제가 어디에 가든, 겉모습이 얼마나 변하든, 달라지는 건 아무것도 없어요. 제 마음속에서는 언제나 아주머니의 작은 앤일 거예요. 평생 마릴라 아주머니와 매튜 아저씨와 초록 지붕 집을 날마다 더 사랑할 앤이요.

---

prune (나무의) 가지를 치다   branch out 가지가 나오다, 퍼지다   outwardly 표면상으로

하나를 이루고 나면,
더 높은 곳에서 또 다른 꿈이 반짝이거든

It's delightful to have ambitions. I'm so glad I have such a lot. And there never seems to be any end to them—that's the best of it. Just as soon as you attain to one ambition you see another one glittering higher up still. It does make life so interesting.

• •

포부가 있다는 건 정말 즐거운 일이야. 나에게 그런 포부가 많다는 게 참 좋아. 그리고 그건 끝이 없어 보여—그게 가장 멋진 점이지. 하나를 이루고 나면, 더 높은 곳에서 또 다른 꿈이 반짝이거든. 그래서 인생이 흥미로운 거겠지.

---

ambition 야망, 포부 　glitter 반짝반짝 빛나다

솔직하게 마음을 열 때
의무는 언제나 친구가 되어주는 법이니까

Anne went herself to the east gable and sat down by her window in the darkness alone with her tears and her heaviness of heart. How sadly things had changed since she had sat there the night after coming home! But before she went to bed there was a smile on her lips and peace in her heart. She had looked her duty courageously in the face and found it a friend—as duty ever is when we meet it frankly.

• •

앤은 혼자 동쪽 다락방으로 가서 창가에 앉았다. 어둠 속에는 눈물과 무거운 마음뿐이었다. 슬프게도, 집에 돌아와 이 자리에 앉았던 그날 밤과는 모든 것이 달라져버렸다! 그러나 잠자리에 들기 전, 앤의 입가에는 미소가 번졌고, 마음에는 평화가 찾아왔다. 앤은 주어진 의무를 용감하게 마주했고 그것을 친구로 받아들이게 되었다—우리가 솔직하게 마음을 열 때 의무는 언제나 친구가 되어주는 법이니까.

---

gable 박공지붕   look something in the face 직면하다   courageously 용감하게, 대담하게

굽이진 길 너머에 뭐가 있을지 모르지만, 가장 좋은 게 기다리고 있다고 믿을 거예요

My future seemed to stretch out before me like a straight road. I thought I could see along it for many a milestone. Now there is a bend in it. I don't know what lies around the bend, but I'm going to believe that the best does. I wonder how the road beyond it goes—what there is of green glory and soft, checkered light and shadows—what new landscapes—what new beauties—what curves and hills and valleys further on.

• •

제 미래는 곧게 뻗은 길처럼 제 앞에 펼쳐진 것 같았어요. 그 길을 따라 수많은 이정표를 내다볼 수 있다고 생각했죠. 그런데 이제 굽이진 길이 생겼어요. 그 너머에 뭐가 있을지 모르지만, 가장 좋은 게 기다리고 있다고 믿을 거예요. 그 길이 어떻게 이어질지 궁금해요—초록빛의 영광과, 부드럽고 다채로운 빛과 그림자는 어떨지—어떤 새로운 풍경과—아름다움이 있을지—굽은 길과 언덕과 골짜기는 또 어떤 모습일지 말이에요.

---

milestone 중요한 사건, 단계   bend 굽은 곳, 모퉁이   checkered 변화가 많은, 가지각색의

발 앞에 놓인 길이 좁아졌다 해도,
그 길에는 잔잔한 행복의 꽃들이 피어나요

Anne's horizons had closed in since the night she
had sat at the window. But if the path set before her
feet was to be narrow she knew that flowers of quiet
happiness would bloom along it. The joy of sincere
work and worthy aspiration and genuine friendship
were to be hers; nothing could rob her of her gift for
imagination or her ideal world of dreams. And there
was always the bend in the road!

· ·

창가에 앉아 있던 그날 밤 이후로 앤의 미래는 좁아졌다. 하지만 발 앞에 놓인 길이
좁아졌다 해도, 그 길에는 잔잔한 행복의 꽃들이 피어날 거라는 걸 앤은 알고 있었
다. 진실한 노력과 가치 있는 포부, 참된 우정에서 오는 기쁨이 앤의 것이 될 것이었
고, 그 어떤 것도 앤의 타고난 상상력과 꿈의 이상 세계를 빼앗을 수 없었다. 그리고
앞에는 언제나 굽이진 길이 있었다!

---

horizons 시야, 전망, 지평선   aspiration 열망, 포부   rob 빼앗다

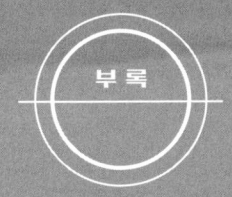

부록

매 일 한 문 장 씩

책 속 한 줄 필 사

 매 일 한 문 장 씩 책 속 한 줄 필 사

DAY 001 누군가에게 속한다는 건 아주 따뜻하고 편안한 느낌이에요.
It seems as if I belonged to somebody now, and it's a very comfortable sensation.

DAY 002 저는 왠지 그 아이가 좋아질 것 같아요.
I think I'm going to like her.

DAY 003 누군가를 사랑하지 않고는 견딜 수가 없어요.
I must love somebody.

DAY 004 저에게도 할머니가 있다면 더 바랄 게 없을 거예요.
I can't think of anything I'd rather have than my grandmother.

DAY 005 책을 쓰는 것보다 책처럼 사는 게 더 신나는 일이잖아요.
It's much more entertaining to live books than to write them.

DAY 006 인생이라는 게임에서 지더라도, 어깨를 으쓱하며 웃어넘길 거예요.
If I lose in the game of life, I am going to shrug my shoulders and laugh.

DAY 007 이런 게 바로 진정한 행복 아닐까요?
Isn't that a happy frame of mind to be in?

DAY 008 좋은 인품은 추위를 만나면 조금 시들기도 하지만, 햇빛이 비치면 다시 자라나요.
A beautiful character droops a bit under cold and frost, but it does grow fast when the sun shines.

DAY 009 너무 신나서 내일 아침까지 기다리기가 힘들 지경이에요.
I'm so excited! I can't wait till daylight.

DAY 010 조금 더 손이 가긴 해도, 충분히 가치 있는 일이니까요.
It may be a little harder, but it's sufficiently better to pay.

DAY 011 익숙한 곳으로 돌아온다는 건 참 기분 좋은 일이에요.
It is a pleasant sensation to come back to something familiar.

DAY 012 어제의 고통은 어제로 충분하니까요.
Yesterday's troubles should be left behind.

DAY 013 누구에게나 돌아볼 수 있는 행복한 어린 시절이 있었으면 좋겠어요.
I think that everyone ought to have a happy childhood to look back on.

DAY 014 우리가 기쁘게 맞이할 손님들이 찾아오네요.
These are the kind of visitors we entertain now.

DAY 015 행복이 다가올 때 기쁘게 받아들이면 돼요.
Be willing to take happiness that comes your way.

DAY 016 과거나 미래에 기대는 삶이 아닌 바로 지금의 행복을 찾아내는 거예요.
Not to be forever regretting the past, or anticipating the future; but to get the most that you can out of this very instant.

DAY 017 작은 행복들을 쌓아 올리기로 마음먹었어요.
I've decided to pile up a lot of little happinesses.

DAY 018 사람은 원래 한번 누렸던 건 포기하기가 힘든 법이거든요.
It's awfully hard going without things after one has started thinking they are theirs by natural right.

DAY 019 제 자유 의지와 이뤄낼 수 있다는 힘을 믿어요.
I believe absolutely in my own free will and my own power to accomplish.

DAY 020 젊음은 마음에 얼마나 생기를 품고 있는가에 달려 있어요.
Youth is only about the aliveness of spirit.

DAY 021 어떤 하늘이 드리우든, 운명을 받아들일 준비가 되어 있어요.
Whatever sky's above me, I have a heart for any fate.

DAY 022 어떤 장소가 누군가와 연결된다는 건 참 재미있는 일이에요.
It is funny how certain places get connected with certain people.

DAY 023 간절히 바라고 끊임없이 노력하면 결국 이루게 되어 있어요.
If you just want a thing hard enough and keep on trying, you do get it in the end.

DAY 024 견뎌낼 거라고 약속했거든. 꼭 그럴 거야.
I promised my father I would bear it. And I will.

DAY 025 사람들에게 일어나는 일들은 모두 우연에 의한 거야.
Things happen to people by accident.

DAY 026 난 가끔 엄마가 나를 보러 오신다고 믿어.
I am sure my mother comes out sometimes to see me.

DAY 027 그저 상상 속 공주라고 해도 사람들을 위한 작은 일들을 찾을 수 있어.
Even if I am only a pretend princess, I can invent little things to do for people.

DAY 028 내가 공주라고 상상하는 건, 진짜 공주처럼 행동하려고 노력할 수 있어서야.
I pretend I am a princess, so that I can try and behave like one.

DAY 029 베풀기를 좋아하는 사람은, 손과 마음이 언제나 열려 있어.
If Nature has made you as a giver, your hands are born open, and so is your heart.

DAY 030 볼품없는 천이라도 다이아몬드 핀이 박힌 새틴이라고 상상해 주실 거 같아서요.
I knew you could PRETEND it was satin with diamond pins in it.

DAY 031 완전히 다른 곳이라고 상상하면 돼.
I shall pretend it's quite a different place.

DAY 032 세상이 얼마나 다르게 보일 수 있는지 상상도 못할 거야.
People can't imagine how different the world they saw was.

DAY 033 이건 '진짜' 이야기야. 너도 하나의 이야기고—나도 이야기야.
It IS a story. You are a story—I am a story.

DAY 034 분노는 아주 강하지만, 그걸 다스릴 수 있는 힘은—더 강해.
There's nothing so strong as rage, except what makes you hold it—that's stronger.

DAY 035 마치 하늘도, 세상도 모두 다 가진 듯한 기분이었어.
It used to seem as if Sara had all the sky and the world to herself.

DAY 036 낯선 이의 미소조차 위로가 될 수 있어.
A smile, even from a stranger, may be comforting.

DAY 037 누더기를 걸치고 있다 해도, 내면의 나는 여전히 공주야.

If I am a princess in rags and tatters, I can be a princess inside.

DAY 038 말 한마디 나눠본 적 없는 사람과도 친구가 될 수 있어.

You can be friends with people you never speak to at all.

DAY 039 들리지 않아도, 마음은 느낄 수 있을지도 몰라.

Perhaps you can FEEL if you can't hear.

DAY 040 몸이 힘들고 괴로울 땐 마음을 딴 데로 돌려야 해.

What you have to do with your mind, when your body is miserable, is to make it think of something else.

DAY 041 빨리 배울 수 있는 능력이 전부는 아니야.

To be able to learn things quickly isn't everything.

DAY 042 상상으로 가득한 삶을 살아온 이는, 아무리 놀라운 일이라도 기꺼이 받아들인다.

Sara had lived such a life of imaginings that she was quite equal to accepting any wonderful thing that happened.

DAY 043 어떤 일이 있더라도, 세상 어딘가에 천사처럼 좋은 친구가 있다는 건 변함 없어.

WHATEVER happens, somewhere in the world there is a heavenly kind person who is my friend.

DAY 044 친절을 베푸는 사람에게는, 상대가 행복해졌다는 사실만으로도 큰 의미가 돼.

Anyone who is kind wants to know when people have been made happy.

DAY 045 전 다른 어떤 것이 되지 않으려고 노력했을 뿐이에요.

I-TRIED not to be anything else.

DAY 046 아무것도 먹지 못했어도, 정말 행복한 아침 식사 시간이었다.

That was a very happy breakfast, though they didn't get any of it.

DAY 047 엄마의 얼굴은 그들을 따뜻하게 밝혀주는 햇살이었다.

The motherly face was sure to affect them like sunshine.

DAY 048 너희가 누리는 축복을 떠올리면, 감사하는 마음을 갖게 될 거야.

Think over your blessings, and be grateful.

DAY 049 사랑은 두려움을 몰아내고, 감사는 자존심을 이겨낸다.

Love casts out fear, and gratitude can conquer pride.

DAY 050 진정한 재능이나 미덕은 결국에는 드러나기 마련이야.

There is not much danger that real talent or goodness will be overlooked long.

DAY 051 엄마의 얼굴에 담긴 인내와 겸손은 어떤 훈계보다 더 큰 가르침이었다.
The patience and the humility of the mother's face were a better lesson than the wisest lecture.

DAY 052 네 안의 적을 항상 조심해야 한단다.
You must keep watch over your bosom enemy.

DAY 053 가치 있는 칭찬을 소중히 여길 줄 알아야 해.
Value the praise which is worth having.

DAY 054 행복한 미래를 기다리는 동안 지혜롭게 준비하렴.
Be wise to prepare for a happy future.

DAY 055 가난하더라도 아름답게 성공하는 삶이 될 수 있어.
Life will become a beautiful success, in spite of poverty.

DAY 056 인내하며 용기 있게 나아가렴.
Go on, patiently and bravely.

DAY 057 구름 뒤에는 언제나 빛이 있으니.
There is always light behind the clouds.

DAY 058 삶의 진정한 축복은 돈으로는 살 수 없다.
The real blessings of life are more precious than any luxuries money could buy.

DAY 059 약간의 부족함이 오히려 작은 기쁨을 더 달콤하게 할 수도 있어.
Some hardships give sweetness to the few pleasures.

DAY 060 세상이 가진 축복의 절반은 결핍에서 온 영감 덕분에 탄생했다.
To the inspiration of necessity, we owe half the blessings of the world.

DAY 061 무례한 사람에게는 오히려 친절로 답하는 게 최선이야.
A kiss for a blow is always best.

DAY 062 잘못을 기꺼이 용서할 수 있는 마음을 가진 널 존경하고 사랑해.
We love you for being so ready to forgive.

DAY 063 난 내가 대접받고 싶은 대로 남을 대했을 뿐이야.
I only did as I'd be done by.

DAY 064 기뻐하는 척이 아니라, 진심으로 기뻐하도록 노력할게요.
I'll try not only to seem glad, but to be so.

DAY 065 타인에 대한 진심 어린 선의가 사람을 더욱 빛나고 품위 있게 만든다.
Genuine good will toward one's fellow men could beautify and dignify.

DAY 066 사랑으로 네 마음이 열리면, 거친 껍질도 자연스럽게 벗겨질 거야.
Love will make you show your heart, and then the rough burr will fall off.

DAY 067 희망은 아직 버리지 않았지만, 지금은 기다릴 수 있어.
I haven't given up the hope yet, but I can wait.

DAY 068 그래도 봄은 분명히 오고 있어요.
But spring is surely coming.

DAY 069 땅도 지금 무언가를 키울 준비를 하느라 기분이 좋은 거예요.
The earth is in a good humor, getting ready to grow things.

DAY 070 이 정원이 다시 살아나길 바라는 사람은 세상에 나 하나뿐이야.
I'm the only one in the world who wants this garden to be alive.

DAY 071 제 평생 이렇게 재미있는 일은 처음이에요.
It's the best fun I've ever had in my life.

DAY 072 세상이 오늘 아침 다시 시작되었잖아요.
The world has started all over again this morning.

DAY 073 메리는 몸을 숙여 꽃잎에 몇 번이고 입을 맞추었다.
Mary bent her face down and kissed and kissed them.

DAY 074 그날 아침, 비밀의 화원에는 세상의 모든 기쁨이 가득했다.
There was every joy on earth in the secret garden that morning.

DAY 075 우리도 지금 둥지를 짓는 중이거든.
We are nest-building too.

DAY 076 봄이 오면, 마치 온 세상이 부르는 것 같아요.
Come springtime, it seems like the whole world is calling.

DAY 077 상쾌하면서도 따뜻하고 달콤한 향기가 한꺼번에 나.
It's cool and warm and sweet all at the same time.

DAY 078 그래도 아이는 아이야. 아이들에게는 아이들이 필요해.
But Mary's a child, and children need children.

DAY 079 오렌지를 통째로 가질 수 있는 사람은 아무도 없어.
I found out that the whole orange belongs to nobody.

DAY 080 진짜 마법이 아니라도, 그렇게 믿으면 마법이 돼.
Even if it isn't real Magic, we can pretend it is.

DAY 081 누구든 오래 바라보면, 꽃봉오리가 피어나는 순간을 볼 수 있어.
If you watched long enough, you could see buds unfold themselves.

DAY 082 좋은 일이 생길 거라고 말하는 게 마법의 시작일지도 몰라.
The beginning of Magic is just to say nice things are going to happen.

DAY 083 마법은 내 안에 있어! 마법이 날 건강하게 해줄 거야!
Magic is in me! Magic is making me well!

DAY 084 아이들의 건강한 웃음은 언제라도 약보다 효과가 좋은 법이야.
Healthy children's laughter is better than pills any day of the year.

DAY 085 장미를 가꾸는 곳에는 엉겅퀴가 자랄 수 없어.
Where you tend a rose, a thistle cannot grow.

DAY 086 아버지와 같이 걸어서 돌아갈 거예요, 집으로요.
I shall walk back with you, Father— to the house.

DAY 087 오늘 밤에 못 오시더라도 내일 아침엔 꼭 오실 거라고 믿었어요.
I was quite sure you would come for me in the morning, if you didn't tonight.

DAY 088 세상의 모든 걸 안다면 재미가 반으로 줄어들 거예요.
It wouldn't be half so interesting if we knew all about everything.

DAY 089 무언가를 기대하는 건, 그 자체로 즐거운 일이에요.
Looking forward to things is half the pleasure of them.

DAY 090 어른이 된다는 건 분명히 근사한 일일 거예요.
It must be lovely to be grown up.

DAY 091 내일은 아직 아무 실수도 저지르지 않은 새로운 날이에요.
Tomorrow is a new day with no mistakes in it yet.

DAY 092 누군가를 용서하면 정말 좋은 사람이 된 것 같은 기분이 들어요.
It makes you feel very virtuous when you forgive people.

DAY 093 그중에서 가장 좋았던 건, 집으로 돌아오는 길이었어요.
The best of it all was the coming home.

DAY 094 수백만 달러와 다이아몬드 목걸이가 있다고 해도 이런 아름다움을 즐길 순 없을 거야.
We couldn't enjoy this loveliness any more if we had millions of dollars and ropes of diamonds.

DAY 095 나 아닌 다른 누군가가 되고 싶지는 않아.
I don't want to be anyone but myself.

DAY 096 필요 없는 가지를 잘라내고 새 가지를 뻗은 것뿐이에요.
I'm only just pruned down and branched out.

DAY 097 하나를 이루고 나면, 더 높은 곳에서 또 다른 꿈이 반짝이거든.
Just as soon as you attain to one ambition you see another one glittering higher up still.

DAY 098 솔직하게 마음을 열 때 의무는 언제나 친구가 되어주는 법이니까.
Anne had found duty a friend—as it ever is when we meet it frankly.

DAY 099 굽이진 길 너머에 뭐가 있을지 모르지만, 가장 좋은 게 기다리고 있다고 믿을 거예요.

I don't know what lies around the bend, but I'm going to believe that the best does.

DAY 100 발 앞에 놓인 길이 좁아졌다 해도, 그 길에는 잔잔한 행복의 꽃들이 피어나요.

If the path set before Anne's feet was to be narrow, flowers of quiet happiness would bloom along it.

See you again

함께 쓰고 나누면 좋은 더블:엔의 영어 필사 책

빨간 머리 앤: 하루 10분 100일의 영어 필사
루시 모드 몽고메리 지음 _ 위혜정 엮음

Hello! Anne of Green Gables!
보석같은 영롱한 말의 연금술사, 앤의 문장을 만나다
어른이 되어 다시 읽고 쓰는, 사랑스러운 빨간 머리 앤

- Familia (가족) : 단단한 쉼표가 되어주는 가족
- Amicus (친구) : 따뜻한 곁이 되어주는 벗
- Memoria (추억) : 성장으로 영글어가는 추억
- Amor fati (사랑) : 운명에 대한 사랑

어린왕자: 하루 10분 100일의 영어 필사
앙투안 드 생텍쥐페리 지음 _ 위혜정 엮음

위쌤의 언어로 다시 만나는 영원한 고전, '어린왕자'
어린왕자가 지구별에 고스란히 남겨놓은 사유의 씨앗들

- 접속 (사막에서 만난 어린왕자)
- 통찰 (지구 도착 전 여행 이야기)
- 비밀 (지구에서의 마지막 시간)

어린왕자가 주는 100일 동안의 선물